Alfred Fouillée

Des fonctions de la mémoire

La survivance et la sélection des idées
La reconnaissance des souvenirs

© 2024, Alfred Fouillée (domaine public)
Édition : BoD · Books on Demand, 31 avenue Saint-Rémy, 57600 Forbach, bod@bod.fr
Impression : Libri Plureos GmbH, Friedensallee 273, 22763 Hamburg (Allemagne)
ISBN : 978-2-3224-9626-6
Dépôt légal : Décembre 2024

Chapitre 1
La survivance et la sélection des idées dans la mémoire

Refaire dans notre pensée un nouvel univers semblable au grand, tel est le but de la connaissance. Leibniz y voyait avec raison l'analogue de la projection géométrique, qui peut représenter les objets solides par des surfaces, les surfaces par des lignes, les lignes par des points. Nous sommes un atome dans l'univers, et il faut que cet atome devienne le miroir du monde. Or, que de choses simultanées au dehors de nous qui ne peuvent l'être dans notre pensée ! Que d'objets qui coexistent dans l'immensité de l'espace, depuis le brin d'herbe sous nos pieds jusqu'aux astres sur nos têtes ! Notre pensée, au contraire, est un point qui se meut sur la ligne du temps et qui n'y occupe jamais qu'un moment à la fois. De là le premier problème que la nature avait à résoudre : traduire pour l'esprit les choses simultanées en choses successives, faire prendre à l'espace la forme du temps. Ce n'est pas tout : les diverses parties du temps, à leur tour, ne peuvent être à la fois actuelles ; en conséquence, s'il ne restait rien du passé dans le présent, notre existence serait toujours mourante. Le second problème était donc de refaire le passé avec le présent et de conserver les choses en apparence perdues. Il n'y avait pour cela qu'un moyen : leur affecter dans le cerveau une place toujours actuelle, un organe toujours prêt à les ressusciter : un petit coin où reverdira le brin d'herbe, un autre où se lèveront les astres. Ainsi deux opérations inverses constituent notre connaissance du monde : faire s'écouler l'espace sous la forme successive du temps, c'est la sensation ; fixer le temps sous les formes simultanées de l'espace, c'est la mémoire. Double prodige, qui, si on parvenait à en découvrir le secret, nous livrerait sans doute le secret de l'esprit même. Nous nous proposons de montrer, en résumant et appréciant les plus récents travaux sur ce sujet, à quel point précis est arrivée la psychologie contemporaine, et quelle est la limite de ses explications.

La mémoire à son tour suppose, de l'aveu de tous, trois fonctions dont il faut rendre compte. Quand Mozart, après avoir entendu deux fois le *Miserere* de la chapelle Sixtine, le notait de mémoire malgré son extrême complication, il avait *conservé* la représentation des sons et de leurs rapports, il la *reproduisait*, enfin il la *reconnaissait* pour identique à ce qu'il avait entendu dans le passé : voilà la mémoire complète. Mais quel degré d'importance relative faut-il attribuer à ces trois fonctions universellement reconnues et quelle est celle qui constitue par essence le souvenir ? Tel est le grand problème sur lequel se divisent encore nos psychologues. Vous devinerez les tendances de chacun à la manière dont il vous répondra. Pour M. Ribot, par exemple, l'action de reconnaître une idée est la chose du monde la plus secondaire ; c'est un phénomène de conscience et comme d'éclairage intérieur qui se surajoute à tout le reste, mais qui n'est nullement nécessaire ; qu'importe que la mémoire soit consciente ou inconsciente ? La terre ne tourne pas moins pendant la nuit que pendant le jour. Suivant en cela messieurs Maudsley, Huxley et Taine, M. Ribot va jusqu'à dire que la conscience, qui reconnaît les idées conservées et se reconnaît elle-même à travers le temps, est un simple « accompagnement » des fonctions nerveuses. Aussi est-elle incapable de réagir sur elles, pas plus que l'ombre n'agit sur les pas du voyageur qu'elle escorte. L'unique question, selon M. Ribot et M. Maudsley, c'est donc de chercher comment, en dehors de toute conscience, un état nouveau s'implante dans l'organisme, se conserve et se reproduit ; en d'autres termes, « comment, *en dehors de toute conscience*, se forme une mémoire. » Et pour cela, il est utile de voir aussi comment elle peut se déformer par la maladie. — À cette façon de poser le problème, qui est aussi à peu près celle de M. Richet dans ses pages suggestives sur *la Mémoire élémentaire*, il n'est pas difficile de prévoir en quel sens le problème sera résolu. Il le sera en faveur de la physiologie, peut-être un peu aux dépens de la psychologie. M. Ribot, d'ailleurs, nous dit lui-même le but de son livre : montrer que le souvenir *conscient* est une simple « efflorescence, » dont les racines plongent bien avant dans la vie organique ; « la mémoire est, par essence, un fait biologique ; par accident, un fait psychologique. » Voilà donc la conscience reléguée humblement parmi les accessoires ; la conscience sans laquelle nous ne pourrions penser ni à notre cerveau, ni à l'univers, ni à ses lois mécaniques ou biologiques, et sans laquelle nous ne nous poserions pas le problème de la mémoire. — Pour la plupart des psychologues, au contraire, par exemple pour M. Louis Ferri, professeur à l'université de Rome, et aussi pour M. James Sully, un des psychologues les plus distingués de l'Angleterre, l'acte que M. Ribot considère comme l'accidentel est précisément l'essentiel ; se rappeler le Colisée, c'est avant tout avoir conscience d'une image actuellement présente à l'esprit et la reconnaître identique à un état de conscience passé. Pour d'autres philosophes encore, comme M. Renouvier, c'est moins la reconnaissance des idées que la distinction des temps qui est constitutive du souvenir. Enfin, pour M. Ravaisson, c'est la raison même, u la raison qui lie les idées » et qui conçoit « l'éternel. » Nous trouvons ainsi deux camps en présence ; celui des « mécanistes » et celui des « intellectualistes. »

Qu'il y ait dans la mémoire un automatisme capable de fonctionner tout seul, c'est chose évidente ; les maladies mêmes et les illusions dont elle est susceptible prouvent ce qu'il y a de délicat et de fragile dans cette merveille de mécanique naturelle. Si un savant, après avoir reçu un coup violent sur la tête, oublie tout ce qu'il sait de grec sans oublier autre chose, et si plus tard, par l'effet d'un second coup, il retrouve soudain son grec perdu, il est bien difficile de voir dans le souvenir, avec M. Ravaisson, une action toute spirituelle. Le côté automatique de la mémoire, surtout de la « mémoire passive, » est mis en lumière par certains faits extraordinaires, où les choses sont conservées et reproduites avec une telle facilité qu'on y reconnaît du premier coup un effet machinal. Quand, dans l'asile d'Earlswood, un imbécile peut répéter exactement une page de n'importe quel livre, lu bien des années auparavant et même sans la comprendre ; quand un autre sujet peut répéter à rebours ce qu'il vient de lire, comme s'il avait sous les yeux une « copie photographique des impressions reçues ; » quand Zakertort joue, les yeux bandés, vingt parties d'échecs à la fois, sans regarder autre chose que des échiquiers imaginaires ; quand Gustave Doré ou Horace Vernet, après avoir attentivement contemplé leur modèle, font son portrait de mémoire ; quand un autre peintre copie de souvenir un Martyre de saint Pierre par Rubens avec une exactitude à tromper les connaisseurs, on devine bien que la conservation et la reproduction si exactes des impressions reçues doit avoir ses causes dans les organes. Pourtant n'y a-t-il ici rien de plus qu'un mécanisme, qu'une danse subtile d'atomes formant des figures variées en harmonie avec celles de l'univers ? Ne serait-ce point un tort égal ou de trop négliger l'élément physiologique de la mémoire ou d'en méconnaître l'élément psychologique, qui est, selon nous, la sensibilité, non la « raison ? » C'est ce que nous nous proposons d'examiner. Nous verrons d'abord si on ne peut pas pousser plus loin encore qu'on ne l'a fait, dans leur sphère légitime, les explications mécaniques de la mémoire. Puis nous rechercherons si ce mécanisme n'a pas sa limite dans un élément qu'on n'y saurait réduire : non l'esprit pur, mais la sensation même, avec l'appétit qui en est inséparable.

I.

Les études contemporaines sur la mémoire et l'association des idées nous semblent confirmer la doctrine selon laquelle les idées ou images sont des *forces*, en ce sens qu'elles ont une *intensité* et enveloppent une tendance au *mouvement*. Il y a dans la conscience un conflit de représentations possibles dont chacune fait effort pour survivre ou revivre. Ces représentations offrent tous les degrés de vivacité et de ténacité. Il est clair, par exemple, qu'après la mort d'une mère, son image est plus vive et plus tenace que la représentation d'une promenade ou d'une partie de plaisir. Le souvenir douloureux a une force qui repousse toutes les représentations agréables. En parlant d'idées-forces, nous ne considérons pas les idées, ainsi que l'a fait parfois l'école de Herbart, comme des espèces d'entités ayant chacune une existence à part, agissant l'une sur l'autre à la façon d'un acide et d'une base mis en présence. Les idées ou images sont pour nous des états de conscience qui présupposent des sentiments et aboutissent à des mouvements. Ces sentiments et ces tendances motrices n'ont pas toujours des formes déterminées, des limites et des contours précis : ce sont des états continus et reliés à d'autres états par des transitions souvent insensibles. Ainsi entendues, les idées-forces, c'est-à-dire les états de conscience corrélatifs aux vibrations du cerveau, luttent pour la vie, et les plus fortes l'emportent par une sélection analogue à la sélection naturelle, qui elle-même n'est qu'une extension de la loi du « parallélogramme des forces. » Nous admettons donc une sorte de darwinisme psychologique qui n'est pas sans analogie avec le darwinisme biologique. Il y a lutte et sélection dans les plaisirs et les peines, dans les émotions, dans les pensées, dans les états de conscience de toute sorte. Si l'on prend le mot d'idées au sens plus étroit de représentations ayant un objet, on peut dire que les idées, ayant presque toutes pour objets des genres et des espèces, animaux, hommes, Français, etc., sont elles-mêmes des espèces plus ou moins viables et stables. Ce mot même d'*idée* signifie *espèce*, εἶδος, *species*. Les lois de la mémoire et de l'association pourraient s'appeler des lois de sélection intellectuelle ; et il n'est pas moins intéressant de savoir comment survivent et revivent les idées que de savoir comment subsistent les individus ou les espèces dans la lutte pour l'existence.

Quelles sont donc les lois qui conservent nos idées et les font revivre à un moment donné ? — Impossible de s'expliquer cette conservation et cette reproduction des idées quand on se les représente comme purement spirituelles, sans relations avec le mouvement et avec la force motrice. On est alors obligé de les concevoir comme subsistant dans l'esprit même, dans l'âme, sous une forme inconsciente ; mais comment une idée, dont toute l'existence à nous connue consiste précisément à être un état de conscience, peut-elle être conçue comme inconsciente ? C'est là se payer de mots et donner pour solution d'un problème la traduction du problème sous une forme nouvelle : ce n'est pas une explication, mais une duplication de la difficulté. De plus, l'âme est par définition un être simple, et cet être prétendu simple devient dans la mémoire une sorte de réceptacle et de magasin, comme celui que saint Augustin décrit éloquemment, où l'on admet la présence « latente » des idées ; on introduit ainsi dans l'âme une multiplicité indéfinie d'images, on place en elle le pendant de toute la variété qui vient se peindre dans le cerveau : champs, maisons, villes, mers, ciel ; dès lors, à quoi bon surajouter un être nouveau qui n'est que le double de l'organisme ?

Ramenons donc les idées, de l'existence tout élyséenne qu'on leur attribue d'ordinaire, à une existence plus concrète et plus sensible. Les idées ne sont point détachées des organes, puisqu'elles enveloppent toujours des images, et que l'image est un retentissement ou un renouvellement plus ou moins affaibli de la sensation. On peut regarder la chose comme démontrée par la physiologie contemporaine : l'impression renouvelée occupe les mêmes parties du cerveau que l'impression primitive et s'y reproduit de la même manière. L'image a lieu dans les mêmes centres nerveux que la sensation même, en l'absence des causes extérieures et sous une excitation intérieure ; de plus, elle entraîne les mêmes mouvements que la sensation. Parfois l'image suit immédiatement la sensation et se produit dans l'organe même du sens. Un coup de cloche retentit, le son éclate, puis diminue, puis s'éteint, et un moment vient où je ne distingue plus si l'écho affaibli est extérieur ou intérieur, s'il est un dernier ébranlement de l'air ou un dernier ébranlement de mon cerveau, s'il est une image ou une perception. Pour l'enfant, cette distinction est d'abord impossible : il est reconnu par l'expérience que nous localisons la cause du son affaibli tantôt dans le milieu extérieur, tantôt dans le milieu cérébral. Qu'un nouveau son éclate, l'écho reçoit une force nouvelle, et il n'a besoin que de se renforcer ainsi pour coïncider avec l'image de l'impression primitive. Quand je suis bien loin du clocher et dans un tout autre milieu, l'écho affaibli pourra se produire encore à l'occasion d'une simple représentation de la cloche. Il en est de même dans le domaine de la vue, quand nous venons de regarder un objet brillant et que le nerf optique continue de vibrer. Ceux qui étudient les objets au microscope voient très souvent une « image consécutive » de l'objet, qui persiste quelques instants après qu'ils ont cessé de le regarder. L'expérience montre que l'idée persistante d'une couleur brillante fatigue le nerf optique : cette idée implique donc une force qui produit ses effets dans les organes. On sait que la *perception* d'un objet coloré est souvent suivie d'une sensation consécutive qui nous fait voir l'objet avec les mêmes contours, mais avec la couleur complémentaire de la couleur réelle ; si, par exemple, j'ai regardé un disque rouge, j'ai ensuite l'image d'un disque vert ; or il peut en être de même pour une simple représentation, en apparence toute mentale : elle laisse aussi, quoique avec une intensité moindre, une image consécutive. Les yeux fermés, pensons fortement à une couleur très vive et tenons-la longtemps fixée devant notre imagination ; par exemple, représentons-nous avec assez de force une croix d'un rouge éclatant ; si, après cela, nous ouvrons brusquement les yeux pour les porter sur une surface blanche, nous y verrons, dit M. Wundt, durant un instant très court, l'image de la croix, mais avec la couleur complémentaire : le vert. Ce fait prouve que l'opération nerveuse est la même dans les deux cas, dans la perception et le souvenir, et que le souvenir n'est point un état tout intellectuel. C'est, en effet, parce que les nerfs du rouge sont fatigués par l'image tout comme par la sensation même, que les nerfs du vert vibrent ensuite presque seuls sous l'influence de la lumière blanche. On peut donc dire, avec messieurs Bain et Spencer, que, pour se rappeler la couleur rouge, il faut éprouver, à un faible degré, l'état mental que la couleur rouge produit. De plus, toute image, toute idée enveloppe quelque tendance à l'action et au mouvement, et c'est surtout en ce sens qu'elle mérite de s'appeler une « force. » Les idées abstraites elles-mêmes produisent des mouvements élémentaires aboutissant à la représentation et à l'articulation des mots qui les expriment.

L'image n'étant qu'une répétition des sensations, émotions, pensées, accompagnée de mouvements à l'*état naissant*, le pouvoir de conserver les images ne peut être qu'une aptitude à les renouveler et à répéter les mouvements qui en résultent ; c'est donc une *habitude*. Les psychologues de l'école spiritualiste, avec Aristote, Leibniz et M. Ravaisson, conçoivent cette habitude comme une tendance de l'esprit ; mais qu'est-ce qu'une tendance, et une tendance *spirituelle* ? Nous n'avons une conscience déterminée que de certains états plus ou moins intenses ou de certains actes plus ou moins énergiques, nullement de tendances ou d'habitudes qui ne seraient ni des états ni des actes, mais des puissances occultes. Ce n'est pas dans ces insondables puissances de l'âme, c'est dans les organes et le cerveau que la science positive doit chercher les conditions déterminables du souvenir. À ce point de vue, le mécanisme qui rend possible la survivance des images en l'absence même des objets peut s'expliquer de trois manières principales, entre lesquelles les physiologistes se divisent : 1° comme un *mouvement* persistant dans le cerveau ; 1° comme une trace persistante dans le cerveau ou *résidu* ; 3° comme une *disposition* persistante dans le cerveau. M. Ribot n'admet guère que la troisième hypothèse. Il semble la croire plus nouvelle qu'elle ne l'est en réalité, car nous la retrouvons dans Érasme Darwin, dans Maudsley et dans Wundt. Selon nous, les trois explications contiennent une part de vérité et, quand on abstrait le côté mental, elles se ramènent, en définitive, à une persistance de *mouvements* ou, si l'on préfère, à une persistance de *force*.

La première théorie, avons-nous dit, explique la conservation des images par une prolongation de *mouvements* dans le cerveau. Certains phénomènes inorganiques offrent des analogies plus ou moins lointaines avec cette persistance des vibrations cérébrales une fois produites. Selon le docteur Luys, qui s'est un peu trop contenté de cette explication, la mémoire serait une sorte de phosphorescence cérébrale, analogue à la propriété qu'ont les vibrations lumineuses de pouvoir être emmagasinées sur une feuille de papier et de persister ainsi, à l'état de vibrations silencieuses, pendant un temps plus ou moins long, pour reparaître à l'appel d'une substance révélatrice. On sait que des gravures exposées aux rayons solaires et conservées dans l'obscurité peuvent, plusieurs mois après, à l'aide de réactifs spéciaux, révéler la persistance de la vibration lumineuse sur leur surface. — Mais comment, objectent les adversaires des vibrations persistantes, tant de mouvements et d'ondulations en sens divers pourraient-ils trouver place et se propager dans le cerveau pendant toute la vie ? Notre cerveau n'est-il pas trop petit ? — Parler ainsi, répondrons-nous, c'est oublier que les dimensions des choses sont toutes relatives, et que, par rapport à des vibrations infiniment petites, notre cerveau devient un monde infiniment grand. Raccourcissez par la pensée les dimensions du ciel visible en gardant toutes les distances respectives des astres, vous pourrez, dans votre tête, faire tenir le firmament. On peut donc très bien admettre, parmi les conditions matérielles du souvenir, des vibrations qui se perpétuent. Nous savons qu'une étoile éteinte depuis longtemps pourrait nous envoyer encore ses rayons avec leur forme propre et leur spectre spécial ; le foyer n'est plus, la vibration éthérée existe encore ; des profondeurs de l'infini elle vient nous révéler sa cause aujourd'hui disparue. Qu'y a-t-il d'étonnant à ce que les ondulations du cerveau se propagent pendant la vie entière et à ce qu'une sensation puisse reparaître en l'absence de sa cause, comme le rayon de l'étoile semble se rallumer dans la nuit ?

Tous les phénomènes cérébraux nous semblent explicables par ce que M. Dubois-Reymond appelle « l'astronomie moléculaire du cerveau. » Sans doute, outre la simple propagation continue du *mouvement*, il faut considérer encore les modifications de *structure* que subit le cerveau, c'est-à-dire les traces laissées par le mouvement même dans cet organe. C'est Là ce que les psychologues contemporains appellent les *résidus*. Mais la trace d'un mouvement n'est-elle pas elle-même une combinaison de mouvements invisibles qui persiste et dont l'immobilité apparente est faite de mobilité, comme notre constance, selon La Rochefoucauld, est faite d'inconstance ?

Sous ce rapport, à combien d'objets divers n'a-t-on pas comparé le cerveau ! D'après M. Spencer, il a quelque analogie avec ces pianos mécaniques qui peuvent reproduire un nombre d'airs indéfinis. M. Taine en fait une sorte d'imprimerie fabriquant sans cesse et mettant en réserve des clichés innombrables. Le dessin et la photographie peuvent fournir aussi des termes de comparaison instructifs. Les résidus des images successives se superposent ou se combinent ensemble dans notre esprit. C'est par ces résidus qu'on peut expliquer en partie non-seulement la reproduction d'un objet individuel, mais encore celle d'une idée générale et typique. La généralisation spontanée s'accomplit mécaniquement par la fusion des images dans la mémoire. Si le vois successivement une certaine quantité d'arbres, il me reste dans l'esprit une représentation confuse de tronc, de branches, de feuilles, qui est l'image générique de l'arbre. Un savant anglais, M. F. Galton, a reproduit artificiellement un travail analogue par des procédés purement mécaniques, en combinant plusieurs portraits de manière à former ce qu'il appelle un portrait générique ou typique. Il projette sur le même écran plusieurs portraits distincts, comme ceux des frères et des sœurs d'une famille, au moyen de lanternes magiques disposées de telle sorte que les images se superposent exactement. On pourrait croire qu'on aura ainsi un dessin grossier et confus ; au contraire : les traits communs, les traits de *famille*, se renforcent si bien que les autres disparaissent, et l'image obtenue est très nette ; c'est le *type* de la famille. M. Galton s'y prend encore d'une autre façon. Il photographie sur la même plaque une série de portraits, en ayant soin de ne laisser agir la lumière sur chacun d'eux que pendant un temps très court, et il obtient une photographie qui est la moyenne ou la résultante des divers portraits. Chose curieuse, ces photographies ont un caractère individuel très marqué, et en même temps une pureté de lignes qui les rend souvent plus agréables à voir que les portraits primitifs. M. Galton a combiné ainsi les traits de six femmes romaines, qui lui ont donné un type d'une beauté singulière et un charmant profil générique. Il a obtenu un Alexandre le Grand, d'après six médailles du *Britisch Museum* qui le représentaient à différents âges, et une Cléopâtre, d'après cinq documents. Cette Cléopâtre était beaucoup plus séduisante que chacune des images élémentaires. Ce qui est plus curieux encore, ce sont les images typiques d'assassins, de voleurs, de fous, etc. Voici, d'un côté, une image générique obtenue par la fusion des photographies de dix assassins. Voilà, d'un autre côté, une seconde image générique obtenue par la fusion des photographies de dix autres assassins. Si vous placez côte à côte les deux images répondants à des groupes différents, vous êtes frappés de leur grande ressemblance. Il y a donc un type général d'assassins. La photographie ainsi pratiquée est une sorte de statistique visible. De plus, elle nous fait entrevoir comment la nature, par une lente sélection, opère le triage des caractères d'une espèce et leur fusion dans les individus.

Malgré les analogies qui existent entre les résidus des sensations et les images photographiques, le terme de comparaison qui précède est encore trop grossier. Une telle conception de la mémoire prend le cerveau à l'état de repos ; on y considère les images comme fixées, clichées, photographiées, ce qui n'est pas exact. Il n'y a point de pensées toutes faites dans le cerveau, pas d'images réelles, mais seulement des images virtuelles qui n'attendent qu'une excitation pour passer à l'acte. Il faut donc combiner les deux explications précédentes : persistance des vibrations et des résidus. Il faudrait un terme de comparaison où l'on vît non-seulement un objet recevoir et garder une empreinte, mais cette empreinte même revivre à un moment donné et reproduire dans l'objet une vibration nouvelle. « Peut-être, a-t-on dit avec raison, l'instrument le plus délicat, réceptacle et moteur tout ensemble, serait le phonographe. » La différence entre le cerveau et le phonographe, c'est que, dans la machine encore grossière d'Edison, la plaque de métal reste sourde pour elle-même, la traduction du mouvement dans la conscience ne se fait pas ; cette traduction est la chose merveilleuse, et c'est ce qui se produit sans cesse dans le cerveau, (c Le souvenir reste ainsi toujours un mystère, mais ce mystère est pourtant encore moins étonnant qu'il ne le semble. Si le phonographe s'entendait lui-même, ce serait, en somme beaucoup moins étrange que de penser que nous l'entendons. »

Ni l'hypothèse des vibrations persistantes ni celle des résidus persistants, que nous venons de ramener à l'unité, ne paraissent suffisantes à M. Ribot et à M. Maudsley. Selon eux, comme selon Érasme Darwin, la mémoire « dépend essentiellement des lois *vitales*, et non pas seulement des lois mécaniques. » Il y a dans le cerveau, dit M. Wundt, non des empreintes, mais des dispositions à fonctionner d'une certaine manière, c'est-à-dire des a dispositions fonctionnelles. » Il s'établit dans le cerveau, dit M. Ribot, des liens nouveaux entre les cellules pour l'accomplissement de certaines fonctions, c'est-à-dire des associations dynamiques. » Rien n'est plus vrai, et le savant ne doit jamais oublier qu'il a affaire, dans le cerveau, à de la matière vivante, non à une substance inorganique, mais ce n'en est pas moins là une vérité toute relative à notre ignorance. Pour le philosophe qui généralise, si on laisse de côté la sensibilité et la conscience, la vie elle-même offre-t-elle extérieurement autre chose qu'un mécanisme perfectionné ? C'est d'une manière toute provisoire, croyons-nous, que la science intercale entre les lois mécaniques et les lois psychiques des lois *vitales*. Au point de vue philosophique, il suffit de combiner les deux formes du mécanisme, — mouvements persistants et résidus persistants, — pour obtenir des modifications stables de structure cérébrale, qui entraîneront une *disposition* à reproduire certains mouvements déterminés. Ce sera l'équivalent de ce que M. Ribot appelle les « associations dynamiques d'entre les cellules, de ce que M. Wundt appelle des « dispositions fonctionnelles. » Supprimez, par hypothèse, le côté mental pour ne considérer que le côté physique, et placez-vous ainsi, comme le veut M. Ribot, « en dehors de toute conscience, » il ne restera alors que le mouvement et ses lois.

Aussi retrouve-t-on le côté physique de la mémoire dans tout ce qui est capable de conserver un certain état, une même forme, ou de répéter un même mouvement. En ce sens, tout organe est une mémoire ; l'œil est une mémoire des ondes lumineuses et l'oreille est une mémoire des ondes sonores, car l'œil vibrera de la même manière et se retrouvera dans le même état sous l'influence des mêmes rayons. Bien plus, chaque nerf est une mémoire où se conserve un certain genre de vibrations prêt à se reproduire ; un muscle même est une mémoire prête à répéter certaine contraction. Tout ce qui est organisé, tout ce qui a une structure naturelle, une forme entraînant tel mouvement déterminé, tout cela est une mémoire. Toute habitude, qui est une structure acquise, est encore une mémoire. L'habitude suppose, en effet, soit de nouveaux nerfs, soit des relations nouvelles entre les nerfs, et ces relations, une fois établies, sont de véritables organes, comme le sont nos yeux et nos oreilles : le pianiste s'est fait un organe pour parcourir le clavier, le calculateur pour accomplir ses opérations. On connaît la belle hypothèse de M. Spencer sur la « genèse des nerfs, » que plusieurs découvertes récentes ont paru confirmer ; M. Spencer aurait pu employer des considérations analogues pour expliquer comment l'organe de la mémoire s'est peu à peu formé dans le cerveau et dans tout le système nerveux. Supposez, à l'origine, une masse à peu près homogène de substance vivante ou de *protoplasma*, comme la substance des méduses flottant sur la mer. Que cette masse homogène reçoive l'action d'un foyer de chaleur, elle s'échauffera seulement du côté tourné vers ce foyer. Si la même influence se reproduit souvent au même endroit, celui-ci finira par acquérir une aptitude spéciale à se mettre en harmonie avec la cause extérieure et à vibrer sous l'influence de la chaleur. C'est ainsi, suivant la remarque de M. Delbœuf, que le contact souvent répété d'un aimant finit par aimanter un barreau d'acier, parce que les molécules de l'acier, souvent dérangées, restent à la fin dans l'orientation qu'on leur a fait prendre. Dans la masse vivante, quand un mouvement aura parcouru une ligne une première fois, il y aura, suivant cette ligne, plus de facilité pour une seconde transmission du mouvement. Une voie de communication s'établira donc entre certains points. Le long de ces voies finira par se distribuer la partie la plus excitable du protoplasma. Un nerf rudimentaire pourra ainsi prendre naissance, avec une forme nouvelle de vibrations dans le centre nerveux. Si cette forme est utile, elle subsistera et, en vertu de la sélection naturelle, se perfectionnera de génération en génération. Il pourra s'établir dans l'animal autant d'organes nouveaux, par cela même autant de formes de mouvements reçus ou transmis, qu'il y a d'espèces de mouvements physiques. Il se formera, par exemple, des organes, excitables à ces vibrations chimiques des atomes qu'on appelle saveurs et odeurs. L'organe par où s'introduisent les aliments deviendra de plus en plus modifiable sous leur influence chimique, et l'animal doué de cette excitabilité plus grande aura des chances de plus dans la lutte pour la vie. Chez certains animaux, la sélection pourra développer des organes qui ne se produiront pas chez d'autres, par exemple, un organe excitable à l'électricité, une mémoire de l'électricité. En un mot, le caractère particulier de la cause extérieure entraînera le développement particulier des centres sensoriels, qui sont, si l'on veut, autant de mémoires organiques. On pourrait comparer les cordons nerveux à des cordes tendues, l'une produisant le la du diapason, une autre produisant l'*ut*, etc., quel que soit le moyen par lequel vous arriverez à ébranler la première, — frottement d'un archet, pincement avec le doigt, coup donné sur la corde, fort ébranlement de l'air, courant électrique, — la première corde donnera toujours le *la* et non une autre note, l'autre corde donnera toujours l'*ut* : l'une sera la mémoire du *la* l'autre de l'*ut*. Il en est du cerveau comme d'un instrument composé de cordes prêtes à vibrer ; si on prononce une note devant l'instrument, les cordes qui donnent naturellement cette note ou ses harmoniques vibrent, et les autres demeurent immobiles ou à peu près ; de même, une impression dont le cerveau est le siège éveille les impressions semblables ou harmoniques dans les nerfs ou dans les cellules qui sont précisément aptes à les fournir. Au point de vue physiologique, organisation et mémoire sont donc une seule et même chose, parce que toute organisation est un système naturel de mouvements ayant pour résultante une *forme* déterminée, qui, dans la conscience, pourra devenir une *idée* déterminée. Allons plus loin ; dans le monde inorganique lui-même, toute forme durable ou susceptible de répétition peut être appelée une mémoire : le système solaire, qui reproduit périodiquement les mêmes figures, est une mémoire, comme le système respiratoire qui reproduit périodiquement les mêmes soulèvements de la poitrine. La périodicité et l'uniformité vont seulement en croissant à mesure qu'on descend plus bas dans l'échelle des êtres. L'enfant répète toujours le même mot ou le même geste ; de même pour les êtres inorganiques, qui persévèrent dans le même mouvement ou dans la même figure. Le mouvement le plus simple, qui suppose une répétition de soi-même au moins pendant deux instants consécutifs, est déjà une mémoire ; bref, la conservation de la force et, comme conséquence, du mouvement, voilà le fond de l'habitude et aussi de la mémoire, quand on n'en considère que le côté extérieur.

II.

Psychologiquement, pour avoir la seconde base et l'intérieur de la mémoire, il faut ajouter au mouvement : 1° la *sensation* ou le germe de la sensation ; 2° la *réaction motrice* qui en est inséparable. Dans le problème de la survivance des idées, nous sommes plus « mécaniste » que les partisans du mécanisme les mieux convaincus ; mais nous ne sommes pas exclusivement mécaniste, et nous ne saurions faire si bon marché de ce que les philosophes contemporains nomment « l'*aspect mental.* » Où il n'y aurait, comme dans nos machines artificielles, qu'une transmission de mouvement tout extérieure, il n'y aurait de la mémoire que le symbole et la forme. Quand nous passons au point de vue psychologique, nous ne pouvons plus dire avec M. Maudsley que le visage défiguré par la variole se souvienne du virus, avec M. Luys, que la gravure, devenue phosphorescente par l'exposition au soleil, se souvienne des rayons solaires ; nous ne saurions davantage admettre avec M. Richet qu'une corde pincée qui continue de vibrer à la manière de nos nerfs « se souvienne de l'excitation. » Non-seulement il n'y a pas alors « mémoire consciente, » mais il n'y a aucune mémoire *mentale*, si, par hypothèse, il n'y a dans la feuille de papier ou dans la corde de violon rien de mental. L'être qui ne *sent* pas peut sans doute conserver tantôt des *mouvements*, comme l'eau qui ondule, tantôt des *empreintes* ou « résidus », comme le sable du rivage : mais ce mode de conservation tout extérieur n'est pas cette conservation indivisiblement mécanique et mentale sans laquelle on ne peut parler de *souvenir* proprement dit. « La mer frémit encore du sillage des vaisseaux de Pompée ; » oui, sans doute, mais la mer ne se souvient ni des vaisseaux qui l'ont fait frémir, ni de Pompée qui s'est miré dans ses eaux. Reconnaître avec messieurs Maudsley et Ribot que la mémoire est une fonction *biologique*, ce n'est donc pas assez ; elle est encore et par cela même *psychologique*, c'est-à-dire qu'elle suppose le phénomène mental élémentaire : l'émotion suivie de réaction motrice, la sensation suivie d'appétition, dont l'acte réflexe n'est que la manifestation extérieure. On aura beau invoquer des luis « biologiques » pour se dispenser d'introduire l'état « psychique » et pour le réduire à une sorte de « luxe, » cet état est dès le début nécessaire ; il est, avec le mouvement, un des « facteurs » du souvenir, u L'habitude ou disposition fonctionnelle » chez l'être vivant suppose elle-même des *émotions* plus ou moins élémentaires et des *efforts* élémentaires entre lesquels s'est établi un lien par l'exercice. La masse même du *protoplasma* flottante sur la mer ne contracterait pas l'habitude de réagir sous l'influence des agents extérieurs s'il n'y avait en elle quelque sourde sensibilité, un bien-être et un malaise rudimentaires. Voilà l'élément « psychique » qui nous semble nécessaire à la base de la mémoire. La matière organique est à la fois sentante et agissante, à la différence des pures machines. La harpe vivante diffère des autres en ce qu'elle se sent elle-même résonner, en ce qu'elle jouit ou souffre de ses accords ou de ses discordances, en ce que ce sentiment de soi réagit sur elle-même : elle a un fond mental en même temps qu'une organisation physique ; sans ce fond, il n'y aurait point de mémoire véritable, pas plus qu'il n'y aurait de *chaleur* véritable, malgré les ondulations de l'éther en certaines directions, sans l'être qui sent ces ondulations sous forme de chaleur. Les physiologistes croient se dispenser d'admettre l'élément psychologique en attribuant comme propriété à la matière vivante l'*irritabilité*, mais cette irritabilité dont ils parlent tant est un mot vague qui désigne deux choses différentes, quoique inséparables : d'une part, la sensibilité intérieure, d'autre part, le mouvement extérieur.

Nous rejetons donc les opinions trop étroites et exclusives. La conservation des souvenirs n'est pas pour nous, comme pour messieurs Ribot et Maudsley, un phénomène physiologique qui n'aurait qu'*accidentellement* un *reflet* psychologique ; elle est un phénomène indivisiblement psychologique et physiologique. Au point de vue physiologique, elle a lieu en venu du mécanisme des actions réflexes, où l'excitation extérieure est suivie d'un mouvement de contraction qui, une fois produit, est plus facile à reproduire. Au point de vue psychologique, elle a lieu en vertu de la loi parallèle qui fait qu'une *émotion* agréable ou désagréable est suivie d'un effort pour la conserver ou l'écarter, effort qui, une fois produit, est plus facile à reproduire. De plus, nous croyons que c'est la loi *mentale* qui est la vraie explication de la loi physique elle-même. En un mot, l'élément fondamental en germe dans toutes les cellules vivantes, c'est à nos yeux l'émotion, c'est-à-dire une sensation plus ou moins agréable ou pénible, laquelle provoque la réaction motrice.

De même que les lois biologiques ou vitales, qu'on reconnaît nécessaires pour l'explication du souvenir, sont simplement, à nos yeux, le premier degré des lois psychiques, de même les lois « sociologiques » en sont le plus haut développement, et la considération de ces dernières lois nous semble également nécessaire pour expliquer le souvenir. Nous regrettons que cette considération ne se rencontre point chez. Messieurs Spencer, Maudsley et Ribot. L'être vivant est, en réalité, une société d'êtres vivans et plus ou moins sentans, comme l'ont montré MM. Schæffle, de Lilienfeld et Espinas. S'il en est ainsi, la conservation des images dans la mémoire doit être en partie le résultat de la coopération entre les cellules vivantes. Comparez, dans la société humaine, les effets du travail isolé et ceux du travail associé : jadis, comme on l'a remarqué, la fabrication d'une montre de précision exigeait un horloger d'une extrême habileté personnelle, qui faisait presque tout à lui seul ; aujourd'hui, une fois le procédé trouvé, il n'y a plus qu'à répartir la confection des diverses pièces entre des ouvriers ordinaires et à ajuster ensuite toutes ces pièces : vous aurez une montre marquant exactement l'heure. L'habitude et la mémoire produisent dans le cerveau quelque chose d'analogue : à l'origine, il faut, dans le centre cérébral, un acte de conscience et d'attention personnelle ; puis le travail se distribue entre les diverses cellules et entre les centres secondaires de la moelle, et il n'y a plus besoin ensuite que d'un rajustement des vibrations diverses pour reproduire sans effort l'image précise de l'objet.

III.

La théorie qui fait de l'émotion le germe de la mémoire nous semble confirmée par les applications qu'on en peut faire et par les éclaircissements qu'elle fournit dans divers problèmes difficiles. Le premier de ces problèmes, c'est le rapport de la mémoire avec la sensibilité et avec l'activité. Si la conservation des idées tient à l'établissement de voies nouvelles dans le cerveau pour les courants nerveux et les actes réflexes, et si les deux éléments essentiels de tout acte réflexe, pour le psychologue, sont l'émotion et l'effort moteur, il en résulte une importante conséquence : c'est que la force de conservation devra être proportionnelle à l'intensité de ces deux éléments. C'est ce qui a lieu, en effet, dans la lutte des souvenirs pour la survivance. Quels sont ceux au profit desquels se fait la sélection ? Nous conservons mieux le souvenir, soit de ce qui nous a *ému* fortement, soit de ce qui a provoqué de notre part une plus grande énergie de mouvement volontaire. Sur l'influence du mouvement volontaire ou de l'attention, tout le monde est d'accord ; mais la vraie difficulté porte sur l'autre condition de survivance dans la mémoire, c'est-à-dire sur l'émotion de plaisir ou de douleur : le rapport des émotions au souvenir donne lieu à de nombreuses discussions entre les psychologues. D'une part, en effet, l'esprit se représente moins aisément les *émotions* que les *perceptions* et *idées* ; d'autre part, il est certain que ce qui nous a ému reste plus longtemps dans le souvenir. Comment concilier ces deux assertions ? On pourrait reconnaître la vérité d'une théorie de la mémoire à la clarté avec laquelle elle expliquera ce double fait. Selon nous, dans ce problème délicat, il y a des distinctions nécessaires à établir. D'une part, il est très vrai que l'émotion sert à *produire* le souvenir. Pourquoi ? Parce que l'émotion seule provoque des mouvements caractérisés, conséquemment ouvre aux courants nerveux des voies nouvelles. Qui pourrait oublier une vive joie ou une vive douleur ? Ce qui ne nous émeut en aucune manière, au contraire, passe à notre surface sans y laisser de trace. Mais, d'autre part, si l'émotion sert à produire le souvenir en ouvrant des voies à la réaction motrice, elle n'est pas cependant par elle-même facile à *reproduire* et à renouveler, ou du moins la reproduction en est extrêmement affaiblie. Ainsi, nous n'avons par le souvenir, comme le remarque M. Horwicz, qu'une très faible reproduction d'un mal de dents passé. On a même prétendu que nous n'avons réellement aucune reproduction mentale des émotions. Cela est faux : on se figure très bien le mal de dents, la brûlure, le frisson produit par une eau glacée, le mal de tête, la peur, etc. Mais ce qui est vrai, c'est que la reproduction des émotions physiques est comparativement bien plus affaiblie que celle des perceptions, et voici l'explication que nous en proposerions pour notre part. En premier lieu, par cela même que la mémoire consiste en voies nerveuses plus faciles qui se sont établies dans le cerveau pour aboutir à des mouvements, le souvenir d'une peine trouve des voies toutes tracées qui ne permettent pas à la *peine* même (πόνος) de se reproduire. En second lieu, l'excitation violente du premier instant manque au souvenir de la douleur, car ce souvenir n'est qu'une excitation produite par une image, non plus par un objet réel : aucune représentation d'un mal de dents ne peut faire vibrer les nerfs dentaires aussi vivement que le mal même. Enfin les *perceptions* ne sont, à notre avis, que la conscience de *relations*, de différences tranchées, de changements et de mouvements ; conséquemment elles tiennent de la nature affaiblie et superficielle des signes ou *symboles* ; les *émotions*, au contraire, sont des états généraux et profonds, des termes réels dans la conscience et non des rapports : elles sont donc autrement difficiles à reproduire qu'une simple esquisse de nature intellectuelle. Enfin on a tort de ne pas distinguer, dans cette question, les émotions physiques et les émotions morales. Autant les premières sont difficiles à *reproduire*, autant les secondes se renouvellent aisément quand on se remet par la pensée dans le même courant d'idées : c'est qu'ici ce sont les idées mêmes qui produisent les sentiments.

Un autre problème, voisin du précédent (et qui n'est pas de moindre importance dans la question du bonheur humain), ce serait de savoir si les douleurs laissent plus de traces et se rappellent plus aisément que les plaisirs. M. Maudsley répond négativement, M. Sergi affirmativement. Selon M. Maudsley, les peines se renouvellent moins aisément dans l'imagination que les plaisirs, parce qu'elles impliquent une désorganisation, un trouble de l'élément nerveux ; de plus, M. Maudsley remarque que, dans un organisme sain, il y a une disposition spéciale au plaisir ; le plaisir doit donc, reparaître plus aisément dans la mémoire que les peines, à intensité égale. Ici encore, selon nous, il faudrait distinguer les émotions physiques et les émotions morales. Le mal physique est bien vite oublié, mais la souffrance du cœur, combien elle est vivace ! C'est qu'ici encore les conditions des souvenirs sont des idées toujours présentes et renouvelables, non une perturbation passagère de l'organisme. Les mêmes pensées reproduisent le même orage intérieur.

Après avoir vu la formation de la mémoire, voyons-en la dissolution : le mécanisme qui produit l'oubli sera la contre-épreuve du mécanisme qui produit la conservation des idées. S'il est vrai, comme nous l'avons dit, que l'émotion et la réaction motrice soient les deux « facteurs » de la mémoire, ils devront disparaître en dernier lieu du souvenir ; or, c'est ce qui nous paraît ressortir de cette loi des amnésies indiquée par M. Spencer et par M. Maudsley, et que M. Ribot, dans son savant livre, a mise en pleine lumière. Dans le cas de dissolution générale de la mémoire, la perte des souvenirs suit une marche invariable : d'abord disparaissent les faits les plus récents, puis les faits moins récents[11]. Ensuite s'effacent les idées en général, puis les sentiments, enfin les actes et mouvements automatiques. C'est ce que M. Ribot nomme « la loi de régression. » Cette loi, si nous ne nous trompons, confirme notre hypothèse sur le fond du souvenir. Les actes purement automatiques qui disparaissent en dernier lieu ne sont plus guère qu'un mouvement de machine ; pourtant, sous ces actes mêmes, subsiste le sentiment primordial de l'existence, du bien-être ou du malaise, la faim, la soif, etc. Par là, l'automatisme est encore une mémoire ; mais celle-ci, à vrai dire, est surtout dans les sentiments, appétits, émotions fondamentales ; aussi est-ce là ce qui offre le plus de résistance après les actes automatiques. « Les meilleurs observateurs s'accordent à le remarquer, dit M. Ribot, les facultés affectives s'éteignent bien plus lentement que les facultés intellectuelles[2]. » C'est qu'elles sont ce qu'il y a en nous de plus profond et de plus intime. Les états affectifs ont beau être vagues et indescriptibles pour l'intelligence, ils sont le fond dont l'intelligence réfléchie ne saisit que la forme.

Les *amnésies partielles* montrent que des séries entières d'idées et de connaissances peuvent disparaître alors que le reste demeure intact, ce qui suppose qu'elles sont attachées au fonctionnement régulier de certaines parties du cerveau et à la division du travail entre les cellules diverses. Les uns perdent la mémoire des figures, d'autres des couleurs, d'autres d'une seule couleur, d'autres des nombres, d'autres de plusieurs nombres seulement. Les cas les plus curieux sont les *amnésies* du langage ou *aphasies*[3]. Elles sont soumises à la même *loi de régression* que les autres. On oublie d'abord les *mots*, c'est-à-dire le langage rationnel, puis les *exclamations* et *interjections*, ou langage émotionnel, et, dans des cas très rares, les gestes. On reconnaît encore là les deux éléments essentiels : *émotion* et *motion*. Parmi les mots, le malade oublie d'abord les noms propres, puis les noms communs, qui ne sont que des adjectifs érigés en substantifs, puis les adjectifs, puis les verbes. Ici encore la régression va du plus complexe au plus simple, du moins organisé au plus organique. Ajoutons que les verbes, passifs et actifs, qui subsistent les derniers, sont l'immédiate expression des émotions et des actions.

Les causes physiologiques des amnésies partielles ne peuvent être que conjecturées. Probablement il existe dans le cerveau des voies particulières et une sorte d'organisme particulier répondant à ces espèces d'organismes qu'on nomme les langues, les signes, les mouvements vocaux. Ces systèmes d'associations mentales et de mouvements réflexes peuvent être atteints par la maladie sans que le reste le soit. Ln annélide peut perdre une partie de ses organes et continuer de vivre. Supposez qu'une boîte à musique, capable de jouer plusieurs airs, tombe à terre pendant qu'elle en joue un et que le cylindre garni de pointes se mette à rouler avec une très grande rapidité, de manière à briser ou à altérer ses pointes : un air entier pourra disparaître sans que les autres soient atteints, Tous les mouvements réflexes qui répondent, par exemple, à l'association des mots grecs entre eux et avec les mots français correspondants peuvent se trouver paralysés, tandis que les systèmes de réflexes répondant au français, appris dès l'enfance et solidement imprimé dans le cerveau, peuvent résister à la commotion. En un mot, les amnésies sont des paralysies générales ou partielles, atteignant ces ordres de mouvements réflexes qui se traduisent dans la conscience par des associations d'idées.

Les hypermnésies, au contraire, sont des exaltations maladives de la mémoire. Une jeune fille, dans le paroxysme de la fièvre, par le le gallois, langue oubliée de son enfance. La nièce d'un pasteur récite des morceaux d'hébreu qu'elle a retenus sans les comprendre. Ces hypermnésies sont causées tantôt par une circulation fébrile du sang, qui donne une activité anormale à certaines portions du cerveau ou à certains systèmes de réflexes, tantôt par une régression qui, ayant détruit les souvenirs plus récents, ramène à la lumière des couches profondes et oubliées : par exemple des impressions et passions de la jeunesse, des croyances anciennes auxquelles il semble qu'on revient par une sorte de conversion. Ce phénomène s'observe souvent chez les mourants[14]. Ici encore, nous voyons les sentiments, et surtout ceux des jeunes années, résister mieux que les idées à l'influence destructive de la maladie, tant il est vrai que la sensibilité est le fond de la vie même et conséquemment de la mémoire !

IV.

La seconde fonction de la mémoire est le rappel des souvenirs produit par l'association des idées. On sait toute l'importance que cette fonction a prise dans l'école anglaise depuis Hobbes, Hume et Hartley jusqu'à Mill, Bain et Spencer. Selon Hume, cette loi a la même importance dans la vie intellectuelle que l'attraction dans les mouvements des astres. Peut-être, en effet, au point de vue physiologique, cette loi n'est-elle, comme la gravitation dans les corps et la sélection dans les espèces vivantes, qu'un cas particulier des lois qui règlent la propagation du mouvement selon la ligne de la moindre résistance. La psychologie anglaise contemporaine, qui s'intitule elle-même psychologie de l'association, va jusqu'à ramener toutes les lois de l'esprit à cette loi unique. Sans aller aussi loin, on peut dire que, dans l'association des idées, la part du mécanisme est prédominante. C'est qu'il s'agit ici non plus des termes mêmes de la pensée, mais de leurs relations et successions, choses soumises aux lois mécaniques : rien n'est plus voisin de l'automatisme que l'entendement.

Le mécanisme physiologique de l'association des idées n'est pas très difficile à se figurer : c'est l'association même des mouvements réflexes entre les diverses cellules cérébrales par l'intermédiaire des fibres qui les relient. La suggestion des représentations mentales et des mouvements corrélatifs peut être comparée aux phénomènes d'induction électrique par lesquels un courant exerce son influence sur un autre et produit une aimantation. Les courants nerveux qui répondent à telle série de représentations se trouvent *induits*, et les représentations subissent parallèlement des phénomènes d'attraction qui les font se succéder l'une à l'autre dans la conscience. Le cerveau est à l'état de tension et agit toujours dans sa totalité ; chaque pensée particulière suppose une décharge cérébrale qui ne peut se produire sans altérer les tensions de toutes les autres parties et sans amener par cela même une suite indéfinie d'autres décharges dans une direction déterminée. L'effet produit sur un point est, à chaque instant, fonction du changement total. Aussi peut-on comparer la pensée au phénomène électrique qu'on appelle l'aurore boréale, où l'équilibre entre l'électricité terrestre et celle des particules glacées de l'atmosphère est sans cesse rompu et rétabli, de manière à produire des irradiations continuellement changeantes ; les rayons lumineux sont associés entre eux comme le sont nos idées : chacune est comme une irradiation révélant à la fois la tension générale et la décharge particulière du magnétisme intérieur.

Maintenant, dans le conflit des idées et dans leur lutte pour la vie, qu'est-ce qui explique pourquoi c'est telle pensée et non telle autre qui, en tel moment, est victorieuse au sein de la conscience ? La sélection des idées et leur suggestion a lieu tantôt en vertu de la simple rencontre ou *contiguïté* des impressions dans le temps[51], tantôt en vertu de leur ressemblance ou *similarité*. La plupart des psychologues anglais, avec Stuart Mill et M. Bain, considèrent ces deux lois comme irréductibles. Quelques-uns cependant, comme Hamilton, ont tenté de réduire l'une à l'autre. Mais alors se pose un des problèmes les plus importants de la psychologie contemporaine. — Est-ce la sélection par ressemblance qui se ramène à la sélection par contiguïté, ou est-ce, au contraire, celle-ci qui se ramène à l'autre ? — En ces termes, il semble que la question offre un intérêt purement logique ; en réalité, il ne s'agit de rien moins que de déterminer le ressort fondamental qui produit le mouvement ininterrompu de nos idées. Il y a là un mécanisme plus curieux à étudier que toutes les machines visibles.

Dans ce problème, il nous semble qu'on n'a point assez distingué trois choses très différentes : 1° la *conscience finale de ressemblance* entre deux idées préalablement suggérées, comme l'électricité et la foudre ; 2° la *loi de succession* en vertu de laquelle la première idée a *suggéré* l'idée similaire qui lui était unie ; 3° la *force* qui avait primitivement produit cette *union* des deux idées similaires. Cette dernière question, généralement négligée, est la plus fondamentale ; en effet, il faut savoir par quoi et comment les anneaux de la chaîne sont soudés pour comprendre dans quel ordre ils se suivent et sous quelle forme ils apparaissent dans notre conscience. Les philosophes intellectualistes, comme M. Ravaisson et M. Ferri, nous semblent confondre la *loi de succession*, qui amène l'apparition des idées dans la conscience avec, le *jugement* que l'esprit prononce sur les idées une fois apparues : « L'intelligence, dit M. Ravaisson, une notion se présentant à elle, conçoit immédiatement ce qui, d'une manière ou d'une autre, la complète, ce qui lui est ou semblable ou contraire, ce qui dépend d'elle ou dont elle dépend, » en un mot, les rapports rationnels. Soit ; mais M. Ravaisson ajoute : « Le principe de l'*association* et de la *mémoire* n'est donc autre que la raison. » Cette théorie, qui fait de la raison comme un moyen de mouvement et de transport pour les idées, intervertit l'ordre des faits. Comment la raison de Lavoisier apercevra-t-elle le rapport de deux idées, par exemple de la combustion et de la respiration, si ces deux idées n'ont pas d'abord été simultanément présentées à sa conscience et n'y coïncident pas par cette partie commune : l'oxygène ? Comment la raison prononcera-t-elle sur la ressemblance ou la différence des deux termes si ces termes ne lui sont pas préalablement donnés ? Jamais la conception d'un rapport ne pourra précéder la conscience des deux termes entre lesquels il est saisi. La raison de Franklin aurait eu beau se dire pendant des siècles : « Tout a une cause et la foudre a une cause ; » ces deux rapports ne lui auraient jamais donné le terme inconnu : l'électricité. La doctrine rationaliste s'enferme donc elle-même dans un cercle vicieux ; la raison ne saurait engendrer la mémoire ni mouvoir les idées et produire leur rappel ; elle est obligée, pour entrer en exercice, d'attendre que le rappel ait eu lieu et que les deux termes soient amenés devant elle par quelque moteur différent d'elle-même ; semblable au prisonnier de la caverne imaginée par Platon, elle doit attendre que la procession des ombres se produise pour pouvoir spéculer sur leurs rapports. Le principe de la succession des idées est donc nécessairement autre que la raison, et elles se suggèrent par une action originairement indépendante de la réaction intellectuelle qui saisit leurs rapports. Il en est ainsi même quand une idée en suggère une autre que nous reconnaissons ensuite lui être *semblable*. Pourquoi, par exemple, l'étincelle électrique éveille-t-elle un certain jour dans l'esprit de Franklin l'idée de la foudre ? C'est qu'il y avait entre ces deux idées une partie commune : lumière subite et choc capable de tuer un animal. Cette représentation de lumière et de choc qui coexiste actuellement, dans la conscience de Franklin, avec l'idée de l'étincelle électrique, y a déjà coexisté souvent avec l'idée de la foudre : c'est en vertu de cette partie commune que l'idée de l'étincelle électrique vient aboutir au souvenir de la foudre, et c'est seulement quand la suggestion a eu lieu que Franklin peut dire : « L'étincelle et la foudre sont semblables. » Les semblables se suggèrent donc mutuellement, sans doute, mais ils ne se suggèrent pas par la *conscience* de leur similitude ; cette conscience est ici l'effet, que l'intellectualisme prend pour la cause. Seulement, un esprit ordinaire se contentera de remarquer une similitude entre deux idées sans en tirer des conséquences et sans remonter aux principes ; un Franklin, habitué à ce que Platon appelait la chasse aux ressemblances, partira de là pour concevoir sous les contrastes visibles des similitudes cachées et pour les vérifier par l'expérimentation.

Reste à déterminer pourquoi et comment deux images qui se sont rencontrées dans le temps ont pu se lier, surtout si elles sont similaires ? On peut répondre d'abord, avec M. Taine : « l'une étant le commencement de l'autre, nous tendons à passer de l'une à l'autre. » — Mais c'est cette tendance, cette force intérieure des idées qu'il faut expliquer. Pourquoi ne restons-nous pas toujours sur le commencement, sans passer au milieu et à la fin ? Qu'est-ce qui a produit et maintient la synthèse des idées ? La psychologie de l'association, ici, se contente trop du fait brut : dire que deux idées se retrouvent ensemble dans le temps uniquement parce qu'elles s'y sont déjà trouvées ensemble, c'est constater le fait et non l'expliquer. Le temps, à lui seul, ne lie rien : des anneaux qui se suivent dans le temps sans être unis dans l'espace ne forment pas une chaîne. Parfois des images existent ou se succèdent dans notre esprit, comme dans une lanterne magique, sans qu'un lien durable s'établisse entre elles ; parfois même nous sommes étourdis par le pêle-mêle des sensations simultanées ou successives. La synthèse des idées reste donc à expliquer, et, comme elle doit être à la fois cérébrale et mentale, il faut en chercher la vraie explication dans la manière dont le cerveau agit et dont la conscience réagit. Nous verrons alors se réconcilier les deux lois de la contiguïté dans le temps et de la similarité, qui sont, à notre avis, deux aspects d'une seule et même loi.

D'abord, comment deux impressions, par exemple de la vue et de l'ouïe, se lient-elles dans le cerveau ? Il faut pour cela qu'elles ne demeurent pas isolées, l'une dans le centre visuel, l'autre dans le centre auditif, mais qu'elles aient assez de force, de durée et de netteté pour retentir dans une commune région du cerveau et pour y être centralisées. Ainsi vont à la rencontre l'une de l'autre les deux ondulations produites dans une masse d'eau par deux pierres tombées à une faible distance. Quand il y a rencontre de deux ondes nerveuses, il s'établit une communication entre elles, une première union qui est une habitude naissante. Maintenant, il importe de le remarquer, cette union ne peut avoir lieu que dans des parties du cerveau *contiguës*. La contiguïté dans le *temps* ne lie donc les choses que par l'intermédiaire d'une contiguïté dans l'*étendue* du cerveau. Ainsi s'établissent entre les voies nerveuses, comme entre les voies ferrées, des bifurcations analogues à celles où l'aiguilleur détermine la marche des trains ; la succession des idées, même de celles que nous reconnaissons ensuite pour similaires, est provoquée par la rencontre, au point de bifurcation, de deux trains d'images dans des régions contiguës du cerveau. Les mots entremets, entrecôte, entrepont, s'éveilleront mutuellement par leur point de bifurcation *entre*, et dans certaines maladies, le malade répétera machinalement ces mots à la suite l'un de l'autre. La force qui, dans le cerveau, soude entre elles les représentations est donc mécanique : c'est la persistance de l'énergie et la continuité du mouvement qui se transmet toujours à des parties contiguës. Tout mouvement produit tend à se dépenser d'une manière ou d'une autre ; il ne peut donc s'arrêter dans un groupe de cellules cérébrales, il passe nécessairement aux groupes voisins pour retentir de proche en proche jusqu'à des groupes plus éloignés. *La loi de continuité* se confond ainsi, dans le cerveau, avec la loi de propagation du mouvement.

Est-ce à dire que la similarité ne joue dans le cerveau aucun rôle ? — Tant s'en faut, car les parties du cerveau contiguës *sont précisément des parties* similaires, *qui vibrent d'une façon partiellement* identiques. Ainsi, dans les centres visuels, les cellules sont toutes organisées de façon à réagir sous les rayons lumineux ; les cellules des centres auditifs réagissent sous les vibrations sonores, etc. Donc, en somme, les impressions ne peuvent se lier que si elles sont centralisées dans des parties du cerveau similaires en même temps que contiguës ; donc encore, dans le cerveau même, la contiguïté implique une certaine similarité et une certaine réduction à l'unité.

Retournons-nous maintenant du côté de la conscience, et nous allons voir la fécondité de cette loi. Quand deux impressions ont pour siège des parties contiguës et similaires du cerveau, sous quelle forme apparaîtront-elles à la conscience ? Précisément sous la forme de représentations semblables. En effet, des représentations de même *qualité* pour l'esprit, comme la couleur rouge, la couleur rose, la couleur pourpre, sont des représentations de même siège dans le cerveau : les représentations visuelles ont pour siège commun les centres visuels du cerveau ; les représentations de l'ouïe ont pour siège commun le centre auditif ; notre cerveau a des casiers tout faits à l'avance, tout préparés par la sélection naturelle : ces casiers sont ses diverses régions. Dans le centre visuel dorment toutes les images de la vue, triées et mises à part ; dans le centre auditif sommeillent toutes les images de l'ouïe. De plus, les parties du cerveau sont reliées par des intermédiaires. Toute impression ébranle donc, par une contagion inévitable, les parties contiguës et similaires du cerveau, puis celles mêmes qui, plus éloignées, conséquemment différentes, sont cependant encore unies aux premières par des fibres conductrices. Qu'une image particulière de la vue, comme celle de la couleur rouge, ébranle le centre visuel, cet ébranlement se répandra, par diffusion dans le centre visuel tout entier, il suscitera l'image plus ou moins précise d'autres couleurs similaires, ou encore celle de la couleur en général, puis, par une sélection nouvelle, celle de l'étendue, et ainsi de suite. De là cette loi établie par M. Spencer : — Toute représentation tend à s'agréger avec les représentations semblables en vertu de l'identité de leur siège cérébral. — Nous croyons avec M. Spencer que c'est l'unique loi de l'association des idées.

Les autres lois, en effet, sont secondaires, fondées sur des rencontres accidentelles et superficielles entre les idées : la loi en question est primitive, essentielle, fondée sur l'organisation stable du cerveau, qui elle-même résulte de l'action constante de la nature sur l'homme. Les rencontres fortuites d'impressions ne produisent un lien durable que si elles aboutissent à une classification et viennent se ranger sous quelque loi inscrite dans notre système nerveux. M. Spencer a montré que cette classification se fait tout d'abord d'une façon automatique, par la seule diffusion du courant nerveux dans le cerveau. Dès que nous voyons une rose rouge, cette image se range d'elle-même dans la classe des objets visibles, puis dans la sous-classe des objets rouges, puis dans la sous-classe des fleurs, etc. Cette série de classifications est immédiate, aussi involontaire que la propagation d'un ébranlement à la masse de l'air ou de l'eau. Le semblable, dans le cerveau, s'associe mécaniquement avec le semblable : voilà le ressort moteur des idées et souvenirs dans la conscience.

Il est certain que la classification, qui, au premier abord, paraît une fonction tout intellectuelle et rationnelle, renferme un côté mécanique et fonctionne d'abord comme une merveilleuse machine à calculer. Grâce à l'organisation du cerveau, produit de l'accumulation des siècles, chaque impression vient d'elle-même se placer dans sa case, qui, à son tour, vient se placer dans une case plus grande, et celle-ci dans une autre, comme par un emboîtement successif. Le seul tort de M. Spencer est d'avoir immédiatement identifié cet emboîtement des images similaires avec la conscience de leur similarité, qui a besoin d'une explication particulière, et avec la reconnaissance de la similitude entre le passé et le présent, opération encore plus compliquée. M. Spencer n'en a pas moins le mérite d'avoir posé la loi qui nous permet de ramener à l'unité les deux opinions en présence relativement à l'association des idées. Point de contiguïté, dirons-nous, sans similarité. Objectivement, la contiguïté elle-même est une espèce de similarité, sous le rapport de l'espace et du temps, car c'est une rencontre dans un même temps et dans un même espace, qui aboutit toujours à une certaine fusion des mouvements les plus opposés dans une forme commune de mouvement. Subjectivement, la contiguïté devient toujours, pour la conscience, une certaine similarité. Le seul fait de s'apercevoir que des choses disparates coïncident, comme une vive lumière, un son, une douleur, est déjà une conscience de similitude au sein même de la différence. Ce jugement suppose une réaction de la conscience par rapport aux sensations qui lui arrivent, et c'est cette réaction qui constitue la synthèse mentale. Cette synthèse, sans doute, ne peut avoir lieu qu'entre des termes déjà donnés par un pur automatisme, mais la conscience achève et perpétue la soudure déjà commencée par la simple coïncidence mécanique.

Il résulte de ce qui précède que l'association a divers stades. Au plus bas degré, le cerveau peut lier des impressions indépendamment de l'intelligence, sinon d'une sourde sensibilité. Nous pouvons ensuite nous souvenir et prendre conscience d'une coïncidence qui s'était marquée mécaniquement dans le cerveau sans avoir été alors *remarquée* par l'intelligence. Parfois aussi, les termes intermédiaires entre deux idées conscientes échappent eux-mêmes à la conscience. On sait que Hamilton comparait ce phénomène à la transmission du mouvement à travers une rangée de billes : la première se meut, les billes intermédiaires n'ont qu'un mouvement intestin, la dernière a un mouvement visible. Rappelons encore que, quand les vibrations cérébrales sont trop rapides ou trop uniformes, elles échappent à la conscience, et nous comprendrons que certaines idées puissent surgir dans le temps en vertu d'un arrangement qui a eu lieu dans l'espace, entre des cellules que notre esprit ignore. C'est la sélection inconsciente. Ainsi, pendant le sommeil, s'organise dans le cerveau de l'enfant la leçon étudiée la veille. La loi de contiguïté est alors presque seule en action. Tant que cette loi prédomine, les choses ne s'associent que selon des réactions mécaniques ; mais, dès que la conscience s'éveille, une nouvelle force d'organisation se manifeste. Le cerveau ne connaissait guère que la contiguïté, dont la similarité est une conséquence ; l'intelligence ne connaît guère que la similitude, dont la contiguïté est pour elle une simple espèce et une ébauche. Des ressemblances les plus extérieures et les plus superficielles, comme celles qui tiennent à de simples coïncidences de temps ou de lieu, la pensée dégage peu à peu des ressemblances plus intimes et plus profondes : la conscience est donc une force organisatrice qui réagit sur les représentations et les ordonne selon une règle d'harmonie, comme un instrument façonné par un grand maître qui rejetterait de soi-même les discordances pour n'admettre que les accords.

En agissant ainsi, la conscience obéit à la loi universelle d'économie, qui veut que toute force s'exerce avec la moindre dépense possible : le rapprochement des semblables, en effet, permet à la conscience d'embrasser d'un même regard une foule d'objets et de produire le plus grand travail avec le moindre effort. Cette loi, à son tour, se rattache à la loi de conservation, qui joue le principal rôle dans la sélection des idées comme dans celle des espèces. Nous avons dit que les idées sont des espèces et que la lutte des idées est une lutte d'espèces ; en voilà une preuve nouvelle : l'humanité porte dans sa tête les embranchements, les ordres, les classes, les familles, les genres, des Cuvier, des Geoffroy Saint-Hilaire et des Jussieu. Nous avons dans notre cerveau le raccourci du règne minéral, du règne végétal, du règne animal ; chaque idée individuelle n'est qu'un membre d'un groupe plus vaste dans lequel elle rentre : la concurrence des idées aboutit au triomphe de celles qui réalisent le mieux les conditions vitales de leur espèce par l'élimination de tous les accidents défavorables et par la sélection de tous les accidents favorables. Dans la tête de Franklin, le paratonnerre était préparé d'avance, et l'accident apparent, mais en réalité nécessaire, qui y fit se joindre les idées d'étincelle électrique et de foudre, introduisit dans le monde des idées une espèce nouvelle et viable.

Pour reconstruire un monde nouveau selon ses besoins, l'esprit est obligé préalablement, comme l'ont montré messieurs Martineau et James, de dissocier ce qui avait été associé par la simple habitude et par la fréquence des simples contiguïtés. Le savant ne doit-il pas d'abord séparer l'idée de combustion d'avec toutes ses associations habituelles, — dégagement de flamme et destruction de l'objet brûlé, etc., — pour pouvoir l'associer ensuite avec l'idée de cette respiration qui entretient la vie ? Si donc la conscience n'est pas la force primitive d'association, c'est elle qui, en réagissant sur les associations arrivées du dehors, devient la force principale de dissociation et d'analyse. Selon M. Spencer, cette rupture des associations primitives et cette sélection des ressemblances cachées se ferait par la simple variation des circonstances extérieures, qui nous présentent les mêmes objets dans des groupes différents; mais il est clair qu'il faut aussi considérer l'influence de ce milieu intérieur qui est la conscience même, sous les trois formes de l'intelligence, de la sensibilité, de la volonté. Les idées de l'intelligence entrent comme facteurs dans cet ensemble de « circonstances » qui dissolvent les associations primitives et en composent de nouvelles. On en peut dire autant, comme nous allons le voir, de nos sentiments et de nos volitions.

D'abord, la loi même de similarité se confond avec la loi qui veut que l'être sensible tende à son plus grand plaisir, car la similarité, en permettant la plus grande activité avec le moindre effort, produit par cela même du plaisir : le seul fait qu'une nouvelle expérience coïncide avec une expérience ancienne engendre un sentiment agréable. L'enfant sourit au visage qu'il retrouve le même. Si les contrastes nous plaisent, c'est qu'ils ont lieu au sein de la ressemblance et la font ressortir : ils nous donnent à la fois la jouissance de l'ancien et celle du nouveau, distinctes et cependant unies. Enfin, c'est déjà jouir que se souvenir, car c'est contempler des semblables et doubler sans effort le présent avec le passé ; de là cette volupté secrète qui se retrouve jusque dans le souvenir de la douleur. L'émotion apparaît ainsi au fond de la mémoire, comme le ressort caché de l'association des idées et le principal moyen de la synthèse mentale.

Aussi les mêmes objets ne réveillent pas les mêmes souvenirs quand nous sommes gais ou quand nous sommes tristes. Il y a en nous une disposition générale de la sensibilité et comme un ton général de notre humeur qui repousse ce qui lui est contraire et attire ce qui lui est conforme. On pourrait appeler cette loi d'association « loi de sélection sensible, » puisqu'elle fait de notre sensibilité une force d'attraction et de répulsion. Les idées ne s'enchaînent pas seulement par des rapports tout mécaniques et logiques ; elles s'enchaînent par un rapport d'adaptation à nos sentiments. Nous regrettons que M. Ferri, dans son étude sur la psychologie de l'association, n'ait rien dit de cette loi essentielle, qui nous montre dans l'émotion le principe le plus efficace de l'association comme de la conservation des souvenirs. M. Ferri cite pourtant lui-même un exemple qui aurait pu le mettre sur la voie. Un jour, piqué par une mouche, il se rappela tout à coup un enfant que jadis, étant lui-même fort jeune, il avait vu couché sur son lit de mort. Pourquoi cette vision subite ? « D'abord, dit-il, j'étais couché sur mon lit au moment même de ce souvenir ; première concordance ; puis j'avais vu le visage de l'enfant piqué par les mouches ; mais, que de fois j'ai éprouvé le même inconvénient sans avoir le même souvenir ! Enfin je remarque que la vue du cadavre m'avait causé alors une

profonde tristesse et que tout à l'heure aussi j'étais triste. »
C'est donc la similarité d'émotion, c'est l'état de la sensibilité qui a été la puissance dominatrice et déterminante ; ici encore les idées empruntent leur principale force aux sentiments qui les animent, et la conscience, au lieu de refléter passivement les impressions, réagit pour les accepter ou les repousser.

Ce pouvoir de réaction mentale, quand il est réfléchi, constitue la volonté, dont l'action sélective sur les idées se nomme l'attention. Demandons-nous d'abord en quoi consiste l'attention volontaire et consciente. Au point de vue physiologique, elle est une concentration d'efforts musculaires dans une direction déterminée. Si je veux faire attention à un objet que je regarde, écoute, palpe, flaire ou savoure, je produis des efforts musculaires dans la direction de mes divers sens : je tends les muscles de ma main pour mieux palper, ceux de mes yeux pour les accommoder à l'objet et à la lumière, etc. Ces mouvements sont visibles. Même quand je fais attention à la simple représentation d'un objet absent, je commence les mêmes mouvements. L'idée la plus pure, encore une fois, contient toujours quelque représentation sensible, est toujours accompagnée de quelque mouvement et de quelque effort : dans la méditation, cet effort se manifeste sur le visage même par la tension et l'immobilité des traits. L'attention est donc un phénomène « d'innervation motrice. » C'est pour cela qu'elle produit, comme l'expérience le prouve, un afflux sanguin correspondant à l'afflux nerveux et à la dépense des nerfs, que le sang doit réparer. De là combustion et chaleur à la tête, phénomènes d'électricité, etc.

On peut en déduire le véritable pouvoir de l'attention consciente sur la sélection des idées. La première loi, c'est que *l'attention diminue la force des représentations dont elle se détourne*. C'est ainsi, on le sait, que Pascal diminuait l'intensité de violentes douleurs en concentrant son attention sur un problème de géométrie. — Cet effet s'explique par la loi de l'équilibre et de l'équivalence des forces. Si je concentre l'innervation sur un point, je la diminue par cela même sur d'autres points. Une petite douleur peut même en soulager une grande : on se mord la langue pour sentir moins une violence souffrance, on dépense du mouvement en gestes convulsifs pour retirer de l'innervation à un point du corps violemment atteint et pour diminuer ainsi la douleur. L'attention produit de même ce que les physiologistes appellent un effet suspensif et « inhibitoire » sur les centres affectés par la douleur, tout comme je puis, par ma volonté, produire pendant quelques instants un effet suspensif sur ma respiration.

Il résulte de la loi précédente qu'un excès d'attention consciente et de médiation volontaire peut parfois nuire au succès d'une opération ou d'une recherche, — comme la recherche d'un souvenir oublié, — mais en tant seulement que cette opération est automatique. Si un pianiste exercé veut faire attention à toutes les notes d'une gamme rapide, il contrarie, au lieu de les favoriser, le jeu automatique de ses mains et les associations inconscientes de ses mouvements, car il leur enlève au profit de sa conscience une partie de l'innervation nécessaire. De même, quand nous cherchons un souvenir, si nous concentrons trop notre attention sur un point, nous empêchons le courant nerveux de se répandre dans les divers groupes de fibres cérébrales et d'associations aboutissant à l'objet cherché. Dès lors, pour peu que nous ne soyons pas dans la bonne voie, plus nous cherchons et moins nous trouvons. Au contraire, laissons l'esprit se détendre et le courant nerveux s'irradier : il arrive qu'après un certain temps l'association cherchée se produit spontanément ; en s'étendant de courants en courants, l'espèce d'aimantation cérébrale a fini par « induire, » parmi les courants sympathiques, celui qui répond à l'idée cherchée. La *méditation* et l'*inspiration* spontanées ne sont donc pas en raison directe l'une de l'autre. L'inspiration spontanée est due à l'automatisme des associations d'idées, qui fonctionne dans le cerveau d'une manière souvent inconsciente pour nous. La méditation peut l'entraver quand elle lui dérobe une partie de l'innervation nécessaire. Mais, même dans ce cas, la conscience se manifeste comme une force qui intervient dans le cours des idées : alors même qu'elle le détourne, elle montre encore son pouvoir. Si elle est parfois un obstacle au lieu d'une aide, toujours elle agit, nulle part elle n'apparaît comme un « accompagnement » passif et inefficace.

La véritable utilité de la conscience, dans l'inspiration, c'est de poser le but et l'effet final à atteindre : les moyens se présentent ensuite d'eux-mêmes en vue de la fin. Ainsi procèdent l'orateur et l'artiste inspirés. Nous nous proposons telle idée, a dit M. Ravaisson dans une de ses pages les plus éloquentes et les plus souvent citées : « des profondeurs de la mémoire sort aussitôt tout ce qui peut y servir des trésors qu'elle contient. Nous voulons tel mouvement, et, sous l'influence médiatrice de l'imagination, qui traduit pour ainsi dire dans le langage de la sensibilité les dictées de l'intelligence, du fond de notre être émergent des mouvements élémentaires dont le mouvement voulu est le terme et l'accomplissement. Ainsi arrivaient, à l'appel d'un chant, selon la fable antique, et s'arrangeaient, comme d'eux-mêmes, en murailles et en tours, de dociles matériaux. » M. de Hartmann dit semblablement que, la volonté ayant posé le but, « l'inconscient » intervient pour le réaliser ; mais cet inconscient, selon nous, n'est autre que le travail cérébral et, au lieu de voir ici un exemple de finalité mystérieuse, une inspiration providentielle, une magie divine, nous y voyons une série de mouvements enchaînés par les lois du choc et de l'équivalence des forces. Le *dieu* inspirateur des poètes et des artistes, c'est la marée montante des associations, où toutes les ondes nerveuses, sous l'attraction d'une force commune, se soulèvent et s'entraînent dans la masse frémissante du cerveau.

La conscience n'a pas pour cela le rôle passif que lui prêtent messieurs Ribot et Maudsley : non-seulement c'est elle qui pose la fin et l'idée principale, mais c'est elle encore qui dirige le cours même des idées secondaires. Sans doute elle ne peut empêcher l'association de lui offrir telle et telle idée, mais elle peut rejeter ce que l'automatisme lui offre, jusqu'à ce qu'il lui offre ce qui convient à son projet. C'est ainsi que la conscience refait sur un plan nouveau ce qu'avait ébauché un mécanisme inconscient. Bien plus, outre sa puissance négative de refus, la conscience a aussi le pouvoir positif d'accroître par la réflexion la force des idées propres à son dessein ; or, quand une idée, devenue ainsi prédominante, a multiplié sa propre force en se réfléchissant sur elle-même, elle devient un centre d'attraction irrésistible pour toutes les autres idées et produit ainsi parmi elles une sélection intelligente. Outre l'inspiration spontanée dont nous parlions tout à l'heure, il peut donc exister une inspiration réfléchie qui, au lieu de se faire dans l'obscurité de l'inconscience, s'accomplit au grand jour de la conscience. L'organisme même en ressent les effets : la réflexion, par le courant nerveux plus intense qu'elle produit dans une direction déterminée, rend les nerfs plus sensibles à des impressions faibles, de sorte que l'ouïe, la vue, le tact, l'odorat, le goût, gagnent en finesse et distinguent des différences qui, sans cela, n'auraient pas été distinctes : c'est là une loi de l'attention bien connue. N'a-t-on pas cent fois remarqué qu'en dégustant un vin on en reconnaît l'arôme et le cru ? qu'en flairant une odeur composée de rose, de jasmin et de violette, on en peut discerner les principaux éléments ? Les nerfs sont, comme des cordes de violon qui vibrent mieux et plus rapidement quand elles sont tendues. Et cette loi en entraîne une autre. L'attention consciente, en réalisant ainsi une partie des conditions nécessaires à la perception, rend la perception plus prompte en même temps que plus facile. La vitesse de la perception est augmentée. C'est ce que prouvent les expériences « psychophysiques » qui montrent que, si je suis attentif, la durée nécessaire à la perception devient de plus en plus voisine de zéro. C'est que la perception à laquelle on fait attention est attendue, donc pressentie, donc déjà partiellement sentie et commencée ; la conséquence est une plus grande rapidité dans l'achèvement. Quelquefois même l'attente suffit à produire la sensation attendue, qui devient ainsi hallucinatoire ; c'est ce qu'ont bien montré messieurs James Sully et Richet. Faites croire à des personnes qu'il y a dans un jeu de cartes une carte magnétisée qui leur donnera des sensations électriques, la plupart croiront sentir des frissons, des secousses dans la main, des éblouissements dans la vue. En un mot, faire attention à une représentation, c'est l'accroître et l'achever en soi-même, comme si notre main passait à l'encre un dessin vaguement crayonné. Le souvenir cherché est un souvenir dont on a trouvé le commencement ; le problème posé est un problème dont la solution se prépare. De là cette puissance des idées directrices, des idées-forces, trop méconnue par ceux qui font de la conscience une lueur inerte et extérieure aux choses qu'elle éclaire. Les grandes idées qui dirigent les penseurs sont des soleils qui agissent par leur lumière même et non pas seulement, comme les autres, par une gravitation en apparence indépendante de leur lumière.

Non seulement la conscience, sous sa forme réfléchie, a ainsi le pouvoir de *réagir* sur la conservation et sur l'association mécanique des idées, mais encore elle est absolument nécessaire à cette troisième fonction qui est la vraie caractéristique de la mémoire mentale, la reconnaissance des souvenirs. L'automatisme que nous avons décrit explique simplement la renaissance des idées semblables et non leur reconnaissance comme semblables. Cette reconnaissance sera l'objet de notre prochaine étude. Dès à présent, nous pouvons conclure que, dans ses deux premières fonctions, la mémoire est indivisiblement physique et mentale, physique pour le spectateur du dehors, mentale pour le spectateur du dedans. En premier lieu, si les idées ou images survivent dans la lutte et se *conservent*, c'est qu'elles enveloppent à des degrés divers des sentiments tendant à se satisfaire par tels mouvements ; les idées sont des forces parce qu'elles recouvrent des appétits plus ou moins vagues ou précis. En second lieu, si les idées se renouvellent, c'est le plus souvent en vertu de la même force, en vertu du lien qui unit tels mouvements à tels sentiments, et qui a établi comme conséquences dans le cerveau tels arcs réflexes, telles voies de communication toutes prêtes à recevoir les courants nerveux. La contiguïté de ces courants produit dans la conscience la similarité des impressions, et cette similarité réagit pour adapter tout le reste à sa loi. Sur ces deux premiers points, nous regrettons que M. Ribot, Comme M. Maudsley, s'en soit tenu trop exclusivement au côté physique et qu'il n'ait pas étudié l'action spontanée de la sensibilité ou de l'appétit, puis l'action réfléchie de la conscience sur la conservation des souvenirs et sur leur reproduction. Dans la conservation des idées, la conscience n'est pas un enregistrement passif, ni une reproduction des choses toute machinale. En outre, après avoir été à l'origine un simple témoin de la lutte des idées, la conscience finit par être la grande force de sélection parmi elles et tend à devenir de plus en plus dominante dans l'humanité : purement imitatrice au début, elle devient créatrice. La conscience n'est donc ni si haut ni si bas que la placent ses admirateurs ou ses détracteurs : elle n'est pas une puissance séparée et indépendante du mécanisme naturel, mais elle n'est pas non plus » un simple effet accidentel et superficiel de ce mécanisme. Si elle s'élève trop, « je l'abaisse ; » si elle s'abaisse, « je la relève. »

Chapitre 2
La mémoire et la reconnaissance des souvenirs

« Considérez, dit Kant, le cerveau d'un homme, par exemple d'un savant, avec tous ses souvenirs : une puissance supérieure n'aurait qu'à dire : Que la lumière soit ! aussitôt un monde paraîtrait à ses yeux. » — Cette lumière que Kant suppose répandue à la fois sur tous nos souvenirs, nous sommes obligés nous-mêmes de la projeter successivement sur une partie, puis sur une autre, et d'éclairer peu à peu comme d'un jet de lumière quelques points de la scène intérieure, sans jamais pouvoir l'illuminer par une conscience qui l'embrasserait tout entière. Cette conscience successive et partielle de nos souvenirs est ce qu'on nomme leur *reconnaissance*, et c'est l'opération caractéristique de la mémoire intellectuelle. Il y a des exemples frappants de cette reconnaissance, qui se produit parfois après de longues années. Abercrombie raconte qu'une dame de Londres fut conduite mourante à la campagne ; on lui amena sa petite fille, qui ne parlait pas encore et qui, après une courte entrevue avec la mère, fut reconduite à la ville. La dame mourut quelques jours après ; la fille grandit sans se rappeler sa mère jusqu'à l'âge mûr. Ce fut alors qu'elle eut l'occasion de voir la chambre où sa mère était morte. Quoiqu'elle l'ignorât, en entrant dans cette chambre elle tressaillit, et comme on lui demandait la cause de son émotion : « J'ai, dit-elle, l'impression distincte d'être venue autrefois dans cette chambre. Il y avait dans ce coin une dame couchée, paraissant très malade, qui se pencha sur moi et pleura. »

Cette *impression distincte* et cependant indéfinissable constitue la reconnaissance ; et c'est sur ce difficile problème de la reconnaissance que vient se concentrer la lutte entre les partisans de l'automatisme et ceux du « pur esprit. » Tandis que messieurs Spencer, Maudsley, Taine et Ribot verront de nouveau dans la conscience un simple « appareil enregistreur, » M. Ravaisson, M. Janet, M. Renouvier, M. Ferri, s'inspirant de Platon et de Leibniz, déclareront que le propre de l'esprit est de reconnaître les semblables, jugement qui n'a rien de machinal et suppose la réduction des idées à l'unité d'une même conscience. Il n'y a plus là, selon eux, une simple série de fantômes intérieurs qui défilent sans autre lien que leur rapprochement fortuit ; c'est un système lié où les diverses parties se supposent et se complètent. Leibniz n'accordait aux animaux que les simples « consécutions d'images, » et il faisait consister la part de l'esprit dans la reconnaissance des rapports entre le présent et le passé.

À ce problème de la reconnaissance des souvenirs s'en ajoute un autre aussi difficile : celui de leur « localisation dans la durée, » qui ne préoccupe pas moins la psychologie contemporaine. Tant qu'il n'y a en nous qu'un jeu d'images se conservant, puis se réveillant à un moment donné, — par exemple l'image d'une chambre et d'une dame couchée dans son lit, — il n'y a pas encore de vrai souvenir. En effet, tout reste présent, et le rapport avec le passé n'existe pas encore ; or, ce rapport est essentiel pour qu'on puisse dire : Je me souviens. De là une nouvelle question : — Par quel artifice intérieur puis-je rapporter l'image présente à la sensation passée qui n'est plus ? — Nous sommes loin de l'époque où Reid, après s'être posé ce grand problème, concluait qu'il faut renoncer à expliquer la merveille : « C'est qu'il a plu à Dieu, disait-il, de nous donner la connaissance directe et immédiate du passé. » Avec ce miracle trop opportun Reid admettait une contradiction dans les termes. La présence immédiate du passé dans notre conscience est contradictoire, puisque le passé est, par définition même, ce qui n'est plus présent. Et d'ailleurs, le cerveau ne peut jamais être deux fois dans le même état, pas plus que notre pensée, à laquelle on peut justement appliquer le mot d'Héraclite : — On ne se baigne jamais deux fois dans le même fleuve, ni dans le même courant de représentations.

M. Ribot, à qui la métaphysique, cette recherche des causes, inspire une sorte de *sacer horror*, prendrait volontiers pour devise, à l'encontre de Virgile :

Félix qui potuit rerum non *quærere* causas.

Aussi renvoie-t-il le problème de la reconnaissance et de la notion du temps à ce que les Allemands appellent la « critique des connaissances. » Mais, répondrons-nous, cette critique même est une question psychologique et non pas seulement métaphysique. La méthode de M. Ribot, si on en abusait, dispenserait de toutes les questions profondes et vraiment difficiles, de celles qui portent sur le cœur même des choses. M. Ribot, il est juste de le dire, ne veut offrir au lecteur qu'une simple étude de « psychologie descriptive, » mais, en réalité, outre les descriptions physiologiques les plus ingénieuses et les plus savantes, il est bien obligé de lui présenter encore une série de pures hypothèses, et il aboutit, en somme, à des solutions d'un caractère exclusivement mécaniste. Par peur de la métaphysique et même de la *critique* des connaissances, il se réfugie avec M. Maudsley dans un système de métaphysique particulier selon lequel, — on s'en souvient, — la conscience serait le *résultat accidentel* d'un fonctionnement de molécules. Certes, si on commence par présupposer et le discernement du temps et le discernement de la ressemblance, il ne restera plus qu'à « décrire » le mécanisme de la mémoire ; mais le discernement du temps et surtout celui de la ressemblance, c'est la mémoire mentale elle-même, c'est le fond du *souvenir*, non-seulement au point de vue métaphysique ou critique, mais même au point de vue psychologique. Tout le reste est, sinon accidentel, du moins préliminaire ou extérieur ; tant qu'on n'a pas essayé de montrer comment s'organisent les notions de temps et de ressemblance, on n'a fait que tourner autour de la mémoire et en analyser les rouages les plus visibles, sans pénétrer jusqu'au grand ressort.

Il semble donc nécessaire d'aborder « ce labyrinthe » des idées de temps et de ressemblance, sans lesquelles il n'y a ni mémoire ni même conscience du moi. Ici encore, nous essaierons d'abord de pousser l'explication mécanique aussi loin qu'il est possible, afin de déterminer avec exactitude la limite à laquelle elle s'arrête. Le jugement par lequel nous reconnaissons les images et les classons dans le temps a différents degrés que nous aurons soin de marquer ; nous suivrons par là les progrès de la psychologie contemporaine dans une de ses plus intéressantes questions, et nous déterminerons le point où ses explications semblent rester encore insuffisantes.

I.

En premier lieu, la condition fondamentale de la reconnaissance, c'est ce jugement que l'image de la chose est une simple image. Si, par exemple, je me rappelle les ténèbres en plein jour, il faut que ma représentation imaginaire des ténèbres soit distinguée de mes perceptions présentes. Comment se fait cette distinction ? — Elle a lieu, selon nous, par une série de classifications spontanées dont nous allons montrer les divers stades. La première distinction entre la simple image et la perception réelle est fondée sur la force même des représentations. La simple image n'a pas la même force que la perception ; en vain, les yeux ouverts en plein jour, je voudrais voir la nuit : la réalité s'empare de ma conscience, je ne puis m'empêcher de voir le jour. Tel est le premier signe distinctif de la sensation et de l'image, proposé par Hume, adopté aujourd'hui par messieurs Spencer, Bain, Maudsley, Taine, Ribot, par presque tous les psychologues contemporains. Est-ce tout ? Reid demande avec un mélange de naïveté et d'ingéniosité si un petit coup sur la tête nous parait une simple image et un grand coup une perception actuelle ; M. Janet a reproduit cette objection. On peut répondre, d'abord, qu'il y a une différence notable entre un petit coup et un souvenir de coup : c'est que le second ne fait aucun mal. Nouvel exemple du rôle joué par la sensibilité dans le développement de l'intelligence. Mais il y a une réponse plus décisive qu'on peut faire à Reid et à M. Janet en leur opposant la théorie des idées-forces. C'est que précisément, en vertu de la force qui appartient à toute idée, l'image intérieure d'un coup sur la tête nous paraîtrait un coup réel *si elle était seule*, si sa force propre et sa tendance à produire des mouvements n'était pas contre-balancée par la force d'autres idées, ou, selon l'expression de M. Taine, refrénée. Que je ferme les yeux, que je m'absorbe dans une rêverie profonde, que je me rappelle fortement les circonstances dans lesquelles j'ai reçu un coup, je pourrai finir par me persuader un instant que je le reçois, je pourrai tressaillir comme si on me frappait encore. Reid ne croit donc pas si bien dire ; il est profond sans s'en douter. Toute idée, toute image a une force de projection : cette force tend à s'imposer et s'impose en effet quand elle est seule. Placez devant un esprit l'image d'une sensation toujours la même, ce sera pour lui tout le monde extérieur ; il s'y absorbera comme le mystique enlevé à lui-même se perd dans l'objet de son extase. Mais il est rare qu'une image soit seule, qu'une idée soit ce qu'on appelle une idée fixe : n'oublions pas qu'une foule d'autres images luttent pour la vie et exercent leur pression sur l'image actuellement dominante, en déployant dans la lutte des intensités variables.

Non-seulement les images se distinguent entre elles et se classent spontanément selon les divers degrés de leur force, mais encore elles se distinguent par les diverses *directions* de cette force. C'est là une seconde classification spontanée. Je remue mon bras : le mouvement part du centre et va vers la superficie ; vous remuez mon bras : le mouvement vient de la superficie et va vers le centre. Il y a un contraste intérieur entre la force exercée par moi et la force subie par moi, entre le volontaire et l'involontaire. Newton avait la faculté d'évoquer devant ses yeux l'image du soleil, même dans l'obscurité, en faisant simplement un certain effort visuel, à peu près comme quelqu'un qui essaie attentivement de distinguer un objet difficile à voir ; mais Newton savait parfaitement qu'il était comme le créateur de ce soleil imaginaire. De même, Goethe pouvait évoquer à volonté l'image d'une fleur et lui faire subir devant son esprit une série de transformations ; là encore le volontaire se distinguait de l'involontaire. Shelley, au contraire, fut au moins une fois victime des sollicitations produites par ses idées, qui finissaient par agir en lui comme des forces indépendantes de son vouloir. L'ordre même des représentations, à l'état normal, est tantôt senti comme notre œuvre, tantôt comme l'œuvre d'une force étrangère. Dans les fantaisies de la pure imagination, comme la rêverie ou la composition poétique, l'ordre des images ne nous est pas imposé, il est voulu et plus ou moins arbitraire ; dans la perception, il est absolument involontaire ; je ne puis déplacer la perception du milieu de ses circonstances environnantes. Il y a donc en nous un perpétuel contraste entre l'activité et la passivité, entre la force centrifuge ou d'origine volontaire et la force centripète ou d'origine involontaire.

Au reste, ces deux directions de la force ne vont jamais en nous l'une sans l'autre : toutes les sensations renaissantes, comme l'image d'un serpent qui a failli me mordre, sont accompagnées de mouvements renaissants, comme un frisson instinctif, d'actes de volonté renaissants, comme un geste de défense. C'est là une des plus importantes acquisitions de la psychologie contemporaine et une preuve à l'appui des idées-forces. Cette loi mentale est la contrepartie de la loi des réflexes dans l'organisme, qui elle-même s'explique par la conservation de l'énergie dans l'univers. Point de mouvement reçu par un nerf centripète qui ne soit réfléchi sur un nerf centrifuge, où il se continue sans jamais pouvoir se perdre. De même, point de sensation reçue qui ne se réfléchisse en un effort quelconque pour écarter ou pour maintenir l'objet, selon qu'il est pénible ou agréable. Même dans les cas d'apparente indifférence, il y a toujours au fond de notre cerveau, siège de mouvements insensibles, une réponse du dedans au dehors, une exertion de force motrice. C'est ce que la physiologie contemporaine exprime en disant que les phénomènes cérébraux sont à la fois *sensoriels et moteurs*. L'action réflexe, à son tour, décrit un arc de cercle plus ou moins étendu : une petite impression, comme un léger coup sur la tête, provoque une petite réaction qui ne dépasse guère le cerveau ; une autre plus forte va jusqu'aux membres ; un coup violent met le corps en mouvement dans l'espace, etc. De là une sphère d'*intensités* plus ou moins grandes, dans laquelle viennent se ranger toutes nos impressions sensibles et toutes les réactions motrices correspondantes : juger et « objectiver, » c'est simplement mesurer l'intensité de la réaction nécessaire pour répondre à une impression ; c'est avoir conscience de la force centrifuge en rapport avec la force centripète, dans une représentation ou idée quelconque.

Telle est, selon nous, la classification primitive et fondamentale des idées selon leur force, qui précède toute classification dans l'espace et dans le temps. Il en résulte un curieux effet de perspective intérieure : toutes nos images finissent par se ranger spontanément et se classer dans une sphère dont nous occupons le centre et dont la circonférence semble se dilater ou se concentrer tour à tour. Ainsi, dans un fluide, les objets, selon leurs densités diverses, viennent prendre place plus ou moins loin, les uns montant, comme le liège, vers la surface, les autres tombant comme le plomb, vers les profondeurs ; c'est le symbole de l'ordre qui s'établit de soi-même entre nos représentations selon leurs forces respectives. Les images simultanées du toucher et de la vue se disposent dans des cercles concentriques dont l'ensemble indéfini forme le monde extérieur ; l'un de ces cercles n'embrasse que notre corps, les autres embrassent les objets voisins de notre corps, les autres des objets de plus en plus éloignés, jusqu'à la voûte du firmament. N'apprenons-nous pas fort bien à distinguer ce qui se passe uniquement dans l'intimité du cerveau et ce qui nous vient de la périphérie du corps, fût-ce de la surface du crâne ? « L'objectif » et le « subjectif » ne sont qu'une affaire de distance relative et d'éloignement, par conséquent de localisation. L'image d'un coup est elle-même, en somme, extérieure et objective ; seulement elle est cérébrale et non projetée hors de notre corps. Simple question de plans. Et ces plans diffèrent en ce qu'ils semblent plus ou moins écartés de notre centre personnel : ainsi, dans un tableau, les dernières lignes d'un paysage paraissent fuir dans un lointain imaginaire.

Nous n'avons pas à rechercher ici comment se fait la projection dans l'espace. Disons seulement qu'elle est à nos yeux une forme particulière de l'appréciation d'intensité que nous venons de décrire. On nous objectera que les sons ont de l'intensité sans avoir de l'étendue ; mais d'abord, nous distinguons la direction des sons dans l'espace ; de plus, si la représentation d'espace engendrée par les sons demeure extrêmement vague, cela tient à ce que nous ne pouvons pas réagir à l'égard des sons comme nous réagissons à l'égard des résistances au moyen du tact, et même à l'égard des objets visibles au moyen des mouvements de l'œil. Toujours est-il que c'est la réaction motrice plus ou moins énergique produite par les idées et images qui nous les fait projeter à des rangs divers dans la sphère de l'intensité ou à des distances diverses dans celle de l'étendue.

Reste à pénétrer dans le domaine du temps ; nous ne sommes pas au bout de notre recherche. Une fois les images distinguées en faibles et on fortes, et même projetées dans l'espace, encore faut-il que les unes soient rejetées dans le passé, tandis que les autres demeurent dans le présent. Le mécanisme de cette localisation est un des points qui ont le plus embarrassé les psychologues de notre époque ; nous croyons qu'ici encore la considération des idées-forces ne sera pas inutile.

II.

M. Taine a proposé une théorie des plus ingénieuses, qui ramène la localisation dans le temps à un pur mécanisme, et M. Ribot accepte entièrement cette théorie. M. Taine part de ce principe que toutes nos sensations, depuis celle d'un son jusqu'à celle d'une odeur, ont nécessairement une durée, parce que cette durée est une condition de la conscience même : un mouvement nerveux trop rapide échapperait à la conscience. Toute représentation étant ainsi, en réalité, une série d'états de conscience, on peut y admettre deux « extrémités, » l'une « antérieure, » l'autre « postérieure. » Par là devient possible, selon M. Taine, le mécanisme de la situation dans le temps. L'image, par exemple celle d'une éclipse de soleil, reculera dans le passé par la mémoire ou se projettera dans l'avenir par la prévision, suivant la direction de ses extrémités et de ses attaches. Si je me souviens de l'éclipse, c'est qu'elle touche par a son bout antérieur » à d'autres événements dont l'image ressuscite ; si je prévois l'éclipse, c'est que l'ensemble des circonstances est tout entier tourné vers l'avenir. Ce mécanisme est analogue à celui de la vision, qui, une fois habituel ou instinctif, nous fait reconnaître du premier coup la situation et la distance des objets dans l'espace.

Il y a beaucoup de vérité dans cette théorie. M. Ribot en conclut avec raison que la mémoire est *une vision dans le temps*, une projection dans le temps, comme la vision est une projection dans l'espace. De même que cette dernière projection est, au fond, une illusion intérieure répondant d'ordinaire à une réalité extérieure, de même la mémoire est une illusion qui nous fait croire que nous voyons un fait à tel moment dans le passé, et cette vue intérieure, d'ordinaire, correspond effectivement à la place approximative de ce fait. La mémoire, elle aussi, est une « hallucination vraie. »

On pourrait signaler encore d'autres analogies entre la vision dans le temps et la vision dans l'espace. Nous avons beau oublier une multitude infinie de choses, quand nous jetons les yeux en arrière, nous ne voyons point de lacune dans la continuité de notre vie consciente ; pourquoi ?

C'est que nous comblons vaguement ces lacunes avec des faits de conscience analogues aux faits habituels. De même que l'œil n'aperçoit point de lacune dans cette partie du champ de la vision qui correspond au *punctum cœcum* de la rétine, mais prolonge son impression sur toute la surface, de même la mémoire ne voit point de lacunes dans le passé, mais transporte les images de sa vie consciente sur chacun des intervalles réellement oubliés. Enfin, par l'hérédité, le mécanisme de la mémoire se perfectionne comme celui de la vue et se transmet de génération en génération. Nous naissons avec une aptitude naturelle pour distinguer les souvenirs des perceptions et pour les localiser, comme le poulet sorti de l'œuf montre une aptitude native à se diriger dans l'espace vers sa nourriture, dès que son œil l'aperçoit pour la première fois.

Toutefois, quelque vérité que contiennent les explications qui précèdent, elles ne nous semblent pas à elles seules suffisantes. En effet, il faut préalablement accordera messieurs Taine et Ribot que, si une sensation a de fait une durée, nous avons par cela même, nous, conscience de cette durée ; que, si elle forme en réalité une série de sensations, nous avons conscience de la série et non pas seulement de chaque sensation isolée ; que, si une sensation a réellement un bout postérieur et un bout antérieur, nous avons du même coup conscience de cette antériorité dans le temps et de cette postériorité ; enfin que, si une représentation présente *ressemble* à une sensation passée, nous avons conscience de cette ressemblance, nous *reconnaissons* la sensation passée dans la représentation présente. Bref, il faut accorder au préalable presque tout ce qui est en question : conscience, idée du temps, distinction de ses parties, reconnaissance de la ressemblance entre l'image et l'objet ; en un mot, *souvenir*. Comment arrivons-nous à prendre conscience des deux extrémités, des « deux bouts » de la sensation, l'un « postérieur, » l'autre « antérieur ? » Voilà la vraie question. — Il nous semble donc qu'il faut pousser plus loin l'explication et, pour cela, introduire de nouveaux éléments dans le problème.

D'abord, la difficulté qu'éprouvent la plupart des philosophes contemporains à construire la conscience et la mémoire avec des sensations vient, selon nous, de ce qu'ils supposent des sensations tout instantanées, indivisibles, se succédant une par une. De là un embarras comme celui qu'on éprouve quand on veut construire l'espace avec des points indivisibles : le temps ne saurait davantage se construire avec des instants indivisibles. C'est là vouloir former le concret avec l'abstrait, les choses réelles avec des limites idéales, les contenus avec les enveloppes qui les contiennent. La réalité est, pour parler le langage de Pythagore, dans les intervalles et non dans les limites, dans le continu et non dans le discontinu. A en croire Kant, nous ne pourrions apercevoir « qu'un objet à la fois ; » mais, pour cela, il faudrait apercevoir un point ; or il n'y a pas de point : le minimum visible a une étendue de même, à en croire M. Spencer, tous nos états de conscience seraient « successifs » et la conscience n'apercevrait point vraiment de simultanéités : la conscience même serait une série dont les termes ne sont jamais présents que l'un *après* l'autre, un seul à la fois. Mais, s'il en était ainsi, il n'y aurait dans la conscience qu'une mutabilité sans lien et sans fin, une suite incohérente d'éclairs sans durée, toujours mourants et renaissants. Or M. Spencer admet lui-même qu'une certaine durée des impressions est une condition de la conscience : si le tison enflammé qui tourne en occupant des points successifs nous fait l'effet d'un cercle de feu simultané, c'est en raison de la durée qui fait persister la première impression dans la seconde et rend ainsi simultané le successif. Comment donc M. Spencer peut-il soutenir que nous ne saurions apercevoir plusieurs termes à la fois ? L'indivisibilité et l'instantanéité de la conscience, c'est le néant de la conscience : l'éclair ne se voit qu'à la condition de ne plus être en nous un éclair, mais une continuité de lumière ayant une certaine durée ; l'éclair indivisible serait invisible. Une série d'éblouissements n'est pas une vision. De même, un son ne s'entend que parce qu'il a un écho où il se prolonge, un commencement, un milieu et une fin : il y a déjà de la musique et de l'harmonie dans la plus élémentaire de nos perceptions de l'ouïe ; son apparente simplicité enveloppe une infinité de voix unies en un concert. Cette première difficulté levée, c'est, selon nous, dans la nature de la sensibilité et de l'activité qu'on doit chercher les raisons les plus profondes de la troisième fonction du souvenir. C'est par son rapport à la sensibilité et à l'activité motrice que chaque représentation, chaque idée est une force, et c'est parce qu'elle est une force qu'elle peut, nous allons le voir, produire la conscience du temps. D'abord, la sensibilité a joué, dans cette conscience du temps, un rôle qui n'a pas été assez remarqué. Le fond même de la vie est l'*appétit*, et l'appétit enveloppe simultanément le germe d'une prévision et d'une mémoire. Avoir faim, c'est à la fois sentir la peine présente, retenir l'image du plaisir passé, pressentir le plaisir futur : tout animal porte déjà le temps dans le plus humble de ses appétits, qui attend sa propre satisfaction. Quand j'ai une vive sensation de faim, l'image-souvenir de la nourriture prise se distingue fort bien de l'image-attente de la nourriture à prendre : il y a dans celle-ci une tendance au mouvement, une force impulsive et motrice qui n'existe nullement dans l'autre. Au moment même où je satisfais ma faim, je discerne le malaise, qui diminue de force, et le bien-être, qui augmente de force. En général, je discerne la sensation croissante et la sensation évanouissante, parce que les images des sensations successives, les unes de plus en plus vives, les autres de plus en plus faibles, subsistent simultanément dans ma conscience en formant des séries inverses. C'est l'équivalent d'une file de lumières de plus en plus éloignées ou rapprochées. En vertu d'un phénomène de perspective intérieure, toutes mes sensations ou images se disposent d'elles-mêmes en un certain ordre ; c'est une ligne idéale dont la sensation la plus forte occupe un point et dont les moins intenses occupent les autres points, avec des caractères différents selon qu'elles sont une attente impulsive ou un résidu passif ; — ligne indéfinie dont une partie semble fuir derrière nous et l'autre devant nous. Une fois que cette sorte de cadre unilinéaire s'est établi dans le cerveau, tous les événements intérieurs viennent spontanément y prendre place : le passage perpétuel du passé au présent et du présent à l'avenir est pour la conscience un son filé qui s'enfle, éclate et diminue. C'est donc des résidus laissés dans la conscience par la succession combinée avec l'intensité que se tire la représentation du temps. Supposez que je regarde un phare tournant qui ramène à intervalles réguliers un feu blanc et un feu rouge. Au bout de plusieurs tours, il y aura à la fois, dans un même état général de conscience, une image faible du rouge à l'état évanouissant, une image vive du blanc, et une image faible du rouge à l'état naissant. J'aurai donc à la fois trois degrés et trois espèces de représentations différemment orientées, qui sont les éléments de la notion du temps. Que l'expérience, par le fait même de la vie, se répète et se varie sans cesse, j'aurai toujours en moi, sous un même regard intérieur, une série de perceptions vives, une série d'images faibles disposées en un certain ordre et en un certain sens apparent, enfin une autre série d'images faibles ou de tendances, d'anticipations, d'attentes dirigées dans un autre sens. Le temps, a dit Leibniz, est l'ordre des choses successives ; il eût fallu ajouter : *et des intensités croissantes ou décroissantes.* L'élément dynamique est ici nécessaire. De plus, c'est dans la sensibilité et dans l'activité motrice que cet élément apparaît : la sensation agréable ou pénible a une intensité et provoque une impulsion motrice, une manifestation de force, un effort où point déjà la volonté. C'est cet effort qui est le père du temps, parce qu'il enveloppe au moins trois images à la fois, celle de la sensation présente, qui tend au mouvement, celle de la sensation passée, qui est son reflet immobile en arrière, celle de la sensation à venir, qui est son reflet attractif en avant : l'effort se meut entre deux miroirs qui, à chaque instant, lui renvoient deux images de lui-même. Bien plus, il renferme à la fois ces choses si différentes : la peine et le plaisir, la peine sentie et le plaisir pressenti ; le temps est la transition et le mouvement de l'un à l'autre avec le retentissement de l'un dans l'autre.

Non seulement donc nous pouvons sentir simultanément plusieurs choses, mais, quand il y a en nous une succession de choses différentes, nous sentons en nous la *transition,* nous avons une certaine impression de changement qui ne saurait se confondre avec un état de repos et d'inertie, pas plus qu'en voiture nous ne confondons l'impression de la marche avec celle de l'arrêt. Concluons que la psychologie traditionnelle se fait du cours de la conscience une conception vicieuse, toute « statique » et non « dynamique, » qu'il importait de signaler. C'est cette conception qui met nos psychologues dans l'impossibilité d'expliquer la notion de durée autrement que par la providentielle intervention d'une « catégorie » *ex machina.* Trompés par l'artifice de l'analyse réfléchie et du langage, ils ne considèrent généralement, dans la conscience et dans la mémoire, que des états *déterminés* et *définis* qui apparaissent l'un après l'autre : blanc, bleu, rouge, son, odeur, autant de morceaux artificiellement tranchés dans l'étoffe intérieure ; aussi n'admettent-ils pas qu'on ait conscience de la *transition* même, du passage d'un terme à l'autre, de ce qui dans l'esprit correspond au mouvement et à l'innervation spontanée. Par là se trouve introduite en nous cette perpétuelle « vicissitude » dont les tronçons décousus échappent à tout lien de souvenir, cette féerie de changements à vue qui est une série d'annihilations et de créations. Chaque pensée meurt au moment où elle naît, tout est toujours nouveau en nous, et la conception de la durée se trouve impossible. Comment, en effet, expliquer le sentiment de la durée si la conscience est une ligne où les diverses perceptions existent l'une en dehors de l'autre et l'une après l'autre, comme les mots sans vie d'une phrase, sans qu'on sente le passage même d'une perception à l'autre ? La théorie qui représente ainsi la conscience comme une série d'*états* est aussi trompeuse que la conception d'une ligne comme formée d'un nombre de *points*. L'art suprême de la nature ressemble à celui du poète selon Boileau : c'est « l'art des transitions. » Continuité, voilà le caractère de la réalité, et c'est aussi celui de la conscience. Nous sentons donc non-seulement des manières d'être fixes, mais des manières de changer. Ne nous laissons pas ici duper par l'imagination, qui ne considère guère que des images toutes faites et principalement visuelles ; ne nous laissons même pas duper par la pure intelligence, qui ne s'applique bien qu'à des idées de contour défini, exprimées par des mots définis et immuables. Il y a des photographies instantanées des vagues de la mer dans la tempête, et ces photographies sont aussi immobiles que la mer de glace du Mont-Blanc : telle serait la conscience si elle n'avait pas le sens du changement ; une succession de photographies au repos ne lui donnerait pas le sentiment du πάντα ρεῖ (panta rei) si elle ne sentait jamais que les termes sans les relations. Il n'en est pas ainsi : quand nous jouissons, souffrons, voulons, nous avons fort bien le sentiment des transitions et du courant de la vie. Si nous n'avions pas ce sentiment, le psychologue se trouverait dans une impasse analogue à celle où les éléates enfermaient les partisans du mouvement[6]. L'état de transition est obscur sans doute et difficile à se représenter d'une manière définie, par cela même qu'il n'est aucun terme défini et *intellectuel* ; mais il est réel cependant. C'est cet état de transition que nous exprimons par effort, tendance, par tous les mots indiquant l'activité en opposition à la pure pensée ; il établit pour nous la continuité entre les divers points de l'espace comme entre les divers points du temps : sans cet état intermédiaire, ni attente ni souvenir ne seraient possibles. Ce n'est pas tout. Non-seulement nous sentons les transitions, mais encore nous distinguons la transition qui a lieu pour la seconde fois, pour la centième fois, de celle qui a lieu pour la première et qui est nouvelle ; nous sentons les diverses espèces de changement ou de mouvement intérieur, nous sentons les directions du cours de nos pensées, non dans l'espace, mais dans le temps. Par exemple, je récite de mémoire le début de *Rolla* :

Regrettez-vous le temps où le ciel sur la terre
Marchait et respirait dans un peuple de dieux ?

puis j'arrive au vers :

Décrottez-vous le temps où nos vieilles romances
Ouvraient leurs ailes d'or vers un monde enchanté ?

Voilà deux vers qui commencent par le même hémistiche : *Regrettez-vous le temps...* Comment se fait-il que je termine le second en ajoutant : *Où nos vieilles romances*, au lieu de le terminer comme le premier en ajoutant : *Où le ciel sur la terre* ? Évidemment, pendant que je prononce le même hémistiche pour la seconde fois, il y a autre chose dans ma conscience que les mots : *Regrettez-vous le temps* ? Il y a l'écho sourd et le résidu de tous les vers qui ont précédé ; il y a un sentiment particulier qui me fait souvenir que je ne suis plus au début du poème, qui me fait en même temps pressentir les mots qui vont suivre : c'est mon cerveau tout entier qui vibre, et le train de mes idées, à l'embranchement des deux voies, est lancé la seconde fois dans une direction autre que la première. Cette *direction*, je la sens, comme je sens en marchant que je suis dans le chemin familier et facile, non dans un chemin qui est à trouver et qui peut-être m'égare.

C'est par cette conscience des transitions plus ou moins faciles, des directions, des changements intérieurs et, en général, des relations, que devient possible ce rapprochement de plusieurs termes qu'on nomme la *comparaison* ; et qu'est-ce que la conception du temps, sinon une comparaison de la sensation présente avec l'image de la sensation passée ?

Nous mesurons le temps par la succession de nos états de conscience simultanément embrassés, et surtout de nos efforts ; cette succession, vue à distance, nous apparaît elle-même comme plus ou moins longue selon que les états intenses et leurs différences sont plus nombreux. Tout le monde sait qu'une semaine passée en voyage et qui, par conséquent, excite l'activité de l'esprit, paraît ensuite avoir duré plus longtemps qu'une semaine passée chez soi. Il en est pour la ligne du temps comme pour les lignes de l'espace : tracez sur le papier deux lignes d'égale longueur et coupez la seconde de traits distincts ; elle vous paraîtra plus longue que l'autre, parce qu'elle exige de la part des yeux, pour être parcourue, un peu plus d'effort, une dépense de travail un peu plus grande. Quand les périodes de notre existence se ressemblent et sont monotones, elles se recouvrent l'une l'autre et présentent une ligne uniforme, indistincte, qui de loin paraît plus courte. C'est ce qui produit le raccourcissement habituel des souvenirs ; c'est ce qui fait par cela même que, plus on avance en âge, plus les années semblent rapides, — ces années si lentes aux yeux de l'impatiente jeunesse ! Des expériences scientifiques appliquées à des cas très simples confirment cette loi. L'expérimentateur fait battre devant vous un métronome plus ou moins vite ; vous devez ensuite, quand le métronome a cessé de battre, essayer de reproduire exactement les mêmes battements. Or, l'intervalle des battements imités devient trop long quand l'intervalle réel est très court ; il devient trop court quand l'intervalle réel est long. Par exemple, quand nous cherchons à nous représenter et à reproduire des fractions de seconde, notre représentation de cette fraction est généralement trop grande ; s'il s'agit de plusieurs minutes, elle est trop courte. Par des causes analogues s'expliquent la longueur apparente de la durée pendant l'attente, surtout pendant l'attente d'un événement désiré, puis le raccourcissement subit de cette même période lorsqu'elle est passée : l'heure avait paru un siècle à Roméo sous la fenêtre de Juliette, le siècle se ramasse en une minute. Le plaisir, sur le moment même, raccourcit le temps, la douleur l'allonge ; c'est que, dans le plaisir, la vie s'écoule sans obstacle, rapide, continue ; dans la douleur, elle fait effort, elle est arrêtée, et le temps semble se traîner avec la même lenteur qu'elle. La mesure du temps est donc très souvent illusoire. Elle dépend du nombre des représentations, de leur vitesse, surtout de leur qualité agréable ou pénible, qui implique la présence ou l'absence de l'effort. Le mangeur d'opium, comme de Quincey, fait en une seule nuit des rêves qui semblent avoir duré « mille ans. » Pendant un évanouissement d'une minute, on peut rêver qu'on fait « dans la forêt de Dante » un voyage de plusieurs mois, dont tous les détails demeurent présents au réveil[121]. Ces faits sont des ouvertures sur la divisibilité à l'infini qui fait que telle durée ou tel espace parait, selon le point de vue, un atome ou une immensité. Le temps est un effet de lointain, un ordre dans lequel s'alignent ces représentations évanouissantes ou naissantes qui accompagnent le désir tendant au mouvement, mélange de jouissance et de souffrance en proportions variables.

Dans l'état actuel, l'individu naît avec une organisation du cerveau héréditaire qui tend à produire la notion de durée : nous avons vu que notre cerveau est tout prêt, dès la naissance, pour la classification des phénomènes en passés, présents et à venir. De même nous naissons sous la fascination de l'espace, dont nous nous faisons une idée *a priori*, presque surnaturelle et divine, quand elle n'est, semble-t-il, qu'une forme de notre imagination et de notre conscience, relative à notre organisation cérébrale et nerveuse. Nous apportons en naissant dans notre cerveau l'espace et le temps comme un héritage de l'espèce, et aussitôt nous y plongeons, rangeons, mettons en ordre toutes choses. Un poisson qui n'aurait jamais atteint le fond ni la surface de la mer ne pourrait rien se figurer qui ne fût dans l'eau de toutes parts. C'est là sans doute le résultat d'une longue évolution. La conscience du temps est une synthèse et une organisation spontanée des représentations que laissent en nous les choses successives.

De ce que le temps est une forme de notre constitution intellectuelle et cérébrale, et de ce qu'il est sujet à des estimations illusoires, plusieurs philosophes ont conclu que le temps était tout subjectif, que l'ordre même du temps était apparent et n'offrait qu'une image mensongère d'une réalité en elle-même *intemporelle*. Les bouddhistes dans l'antiquité, les néoplatoniciens, les mystiques chrétiens, Kant, Schopenhauer, ont cru que le fond des choses n'est pas plus successif qu'étendu, que la vie temporelle est une illusion, la vie éternelle une vérité. Ce sont là des spéculations métaphysiques pour nous invérifiables ; au point de vue de la science, le temps est une représentation exacte et objective de l'ordre réel des phénomènes. Ce n'est sans doute pas un *être* réel, mais c'est une *loi* réelle : les calculs dans lesquels nous faisons entrer le temps comme élément se vérifient dans l'astronomie, dans la géologie, dans la physique et dans toutes les sciences. La question de savoir s'il y a sous les apparences du temps une existence éternelle rentre dans la métaphysique. Remarquons seulement que le temps, sous le rapport de l'objectivité, parait supérieur à l'espace. A la rigueur, on peut suppléer à l'espace par le temps, se figurer un monde composé de plusieurs séries simultanées d'états de conscience qui se développeraient *réellement* dans le temps et *en apparence* dans l'espace. Aussi les philosophes, principalement les kantiens, ont-ils tort, à notre avis, de mettre toujours ensemble sur la même ligne le temps et l'espace, comme si ce qui s'applique à l'un s'appliquait par cela même à l'autre. Le temps seul est la forme essentielle de la mémoire, et la mémoire, étant en dernière analyse la conscience de l'appétit, de l'effort, de la volonté motrice, est fondamentale comme la vie même, car la vie n'est que l'appétit tendant à sa satisfaction par une série de degrés et de moments.

III.

Quand une image ressuscite dans l'esprit, nous avons vu qu'elle est l'objet d'une série de classifications qui lui donnent peu à peu une valeur et une place déterminées : nous classons d'abord cette image dans la sphère de l'intensité ou de la force, en lui donnant une place parmi ces sensations faibles qui sont les échos des sensations fortes ; puis nous classons cette même image dans l'ordre linéaire du temps, dont fut inséparable à l'origine la région de l'espace. Par là le souvenir est-il achevé et y a-t-il vraiment *reconnaissance* ? Une dernière condition n'est-elle pas nécessaire : apercevoir la ressemblance de l'image avec l'objet ? Les partisans du mécanisme, comme MM. Spencer, Maudsley et Ribot, se hâtent d'identifier la reproduction mécanique des images semblables avec la reconnaissance finale de leur similitude. L'association des semblables et la reconnaissance des souvenirs, dit M. Spencer, sont « un seul et même acte. » M. Ribot suit ici M. Spencer et va encore plus loin : il ne place même pas la reconnaissance parmi les opérations du souvenir et se contente de dire que, puisqu'on a connu les choses une première fois, il n'est pas étonnant qu'on les reconnaisse une seconde. Cette explication n'est-elle point trop aisée et la conclusion est-elle aussi évidente qu'on le suppose ? « Lorsqu'une idée, dit à son tour M. Maudsley, devient de nouveau active, c'est *simplement* que le même courant nerveux se reproduit, plus la conscience que ce n'est qu'une reproduction : c'est la même idée, plus la conscience qu'elle est la même. » Mais cette conscience est précisément ce qu'il y a de moins « simple » à expliquer, et elle ne saurait se confondre avec la reproduction pure : il ne suffit pas, avec M. Spencer, de déclarer les deux choses identiques pour se tirer d'embarras. En fait, elles sont séparables dans la mémoire même ; la reproduction des semblables peut avoir lieu automatiquement sans être reconnue par la conscience. La pathologie montre la possibilité de cette séparation[8]. Autre chose est donc *la suggestion de plusieurs images par leur ressemblance*, qui les a fait surgir nécessairement dans notre mémoire ; autre chose est l'acte de jugement par lequel je m'aperçois de leur similitude.

Les Anglais appellent quelquefois la reconnaissance d'un nom expressif : le « sentiment de la familiarité. » A-t-on quelquefois réfléchi à cette chose étrange et cependant continuelle en nous ? Parfois nous ne pouvons nous rappeler où nous avons vu un visage, où nous avons lu une phrase, et cependant nous sentons que ce visage n'est pas nouveau, que cette phrase nous est déjà familière, à un degré aussi faible que possible, mais réel. Parfois, au contraire, la familiarité est si grande que le présent fait renaître le passé avec tous ses détails et toutes ses circonstances :

Les voilà, ces buissons où toute ma jeunesse
Comme un essaim d'oiseaux chante au bruit de mes pas.

Les psychologues, même ceux de l'école anglaise, ne nous semblent pas avoir donné une suffisante explication du sentiment de familiarité, par conséquent de la *reconnaissance*, qui le présuppose. Selon nous, il eût fallu d'abord chercher l'explication dans ce même principe qui explique et la conservation et le rappel des idées : l'habitude. Le connu, le familier, c'est ordinairement l'habituel ; comment donc distinguons-nous l'habituel de ce qui est pour ainsi dire neuf et original ? Est-il nécessaire ici, avec les spiritualistes, de faire intervenir le « pur esprit » comparant, du fond de son unité, les divers termes que le temps apporte et remporte ? Est-ce à l'aide du pur esprit qu'un chien reconnaît son maître et les visages familiers et la maison familière ? Nous ne le pensons pas. A notre avis, la familiarité se ramène à la *facilité* de représentation, conséquemment à une diminution de résistance et d'effort. Cette diminution supprime le *choc* intérieur, la transition brusque, le sentiment de la *surprise* dont parle M. Bain. Notre activité se sent couler dans un lit tout fait ; notre pensée rencontre un cadre tout préparé à la recevoir : l'image présente, et en ce sens nouvelle, se trouve remplir une sorte de vide intérieur dont nous avions le sentiment, et c'est ce sentiment vague que nous appelons attente. Cherchez à vous souvenir d'un nom, d'un vers oublié, vous sentirez en vous cette sorte de vide qui est doué d'un pouvoir d'attraction comme les tournants d'une rivière. En retrouvant ensuite le nom ou le vers, vous sentirez une adaptation intérieure à votre attente, une facilité de représentation qui vous révèle une familiarité plus ou moins grande avec l'objet. Quand nous soulevons un fardeau, nous sommes obligés d'accommoder notre force à la résistance et nous avons conscience de cette accommodation ; nous apprécions le fardeau par l'intensité de notre sentiment d'effort ; un sentiment analogue nous permet d'apprécier, dans le cours de nos représentations, le facile, le familier, le connu et le reconnu. Ici, le poids soulevé une première fois se trouve moins lourd la seconde : l'accommodation se trouve à moitié faite. C'est l'habitude, tantôt à l'état naissant, tantôt plus ou moins complète, qui se révèle à elle-même dans la conscience par un sentiment spécial, et ce sentiment spécial fait le fond de la reconnaissance. D'autre part, l'habitude est une *adaptation au milieu*, selon la grande loi de sélection universelle ; c'est l'adaptation de la puissance à la résistance, de l'activité à son objet. *Reconnaître*, c'est donc avant tout avoir conscience d'agir avec une moindre résistance.

Pour que l'habitude ainsi formée devienne consciente de soi, il faut que nous puissions apercevoir tout ensemble la différence et la ressemblance du nouveau avec l'ancien, de l'inaccoutumé avec le familier. Reconnaître, c'est donc saisir à la fois des différences et des ressemblances, saisir des rapports, comparer. Le problème de la reconnaissance nous fait ainsi toucher aux dernières profondeurs de la conscience et aux actes les plus simples de l'esprit, qui, selon M. Spencer et toute l'école anglaise, sont précisément « la perception de la différence et la perception de la ressemblance. » Ici encore, nous allons voir qu'on s'en tient trop au point de vue géométrique et statique, au lieu d'introduire le point de vue dynamique de l'activité motrice, de l'effort, de l'appétit et de la volonté.

Il ne suffit pas, comme semble le croire M. Spencer, que deux états de conscience différents *en fait* se produisent l'un après l'autre pour qu'on ait *conscience* de leur différence. De même que la succession brute de deux perceptions, comme le noir et le blanc, n'est pas la perception de la succession, de même la différence de deux perceptions, comme la lumière et les ténèbres, n'est pas la perception de cette différence. Il y a ici un premier point où l'école anglaise vient s'arrêter, une première. limite des explications qu'elle peut fournir : elle montre bien qu'il y a un changement intérieur qui succède à un autre, un mouvement extérieur qui succède à un autre ; mais, si on admet avec elle que la conscience, « étant toute *sérielle*, » selon le mot de M. Spencer, ne peut saisir qu'un état à la fois, toute comparaison et toute synthèse des états différents sera impossible dans le souvenir : quand le second état existera, le premier sera entièrement évanoui. Chaque état sera toujours premier, toujours nouveau, et le sentiment de familiarité sera impossible. Il faut donc un certain lien qui unisse les deux termes, il faut dans la mémoire une certaine synthèse simultanée des différences successives. M. Spencer lui-même finit par reconnaître que « le changement incessant n'est pas la seule chose nécessaire pour constituer une conscience et une mémoire. » On peut très bien concevoir, ajoute-t-il, un être sensible qui serait « le sujet de changements perpétuels et infiniment variés, » comme un miroir devant lequel passeraient les choses les plus disparates, sans qu'il se produisît pourtant rien de semblable à ce que nous nommons une conscience, à plus forte raison une mémoire. A la bonne heure ! mais que faut-il donc ajouter pour produire la conscience ? S'il fallait en croire M. Spencer, il suffirait d'ajouter la *régularité* dans le changement même : « La conscience, dit-il, est une succession *régulière* de changements. » — Non, répondrons-nous, ce n'est pas encore assez. Que le miroir reflète des images régulières ou des images désordonnées, qu'importe ? Un défilé de choses régulières, et conséquemment semblables, n'est toujours point la perception ni de la régularité, ni de la différence, ni de la ressemblance : il n'est ni une conscience, ni *a fortiori* une mémoire. Il ne suffit pas de mouvoir un kaléidoscope pour produire la conscience du mouvement et du changement, même si ses dessins reviennent à intervalles réguliers.

Ce qui cause ici l'embarras de l'école anglaise et l'expose aux objections, c'est toujours le caractère *linéaire* qu'elle attribue à la conscience. Mais ce caractère, nous l'avons vu, n'est qu'apparent, et la « ligne » de nos états intérieurs n'est pas plus une ligne véritable que toute autre ligne visible et concrète. Quand un plaisir succède à une violente douleur, l'image de la douleur, sa résonance affaiblie ne subsiste-t-elle pas jusque dans l'état de plaisir ? Les deux termes sont présents à la fois dans la conscience. Voilà pourquoi leur différence réelle est en même temps une différence *sentie*, que je pourrai ensuite dégager et abstraire ; voilà pourquoi aussi je puis me souvenir de la douleur au sein du plaisir. Il faut donc admettre dans la conscience une certaine *composition*, une présence simultanée de termes différents, pour rendre possible le sentiment de la différence entre le souvenir et la perception. Mais ce n'est là qu'une condition préalable, et il reste à savoir ce qui se passe quand deux termes différents sont ainsi présents à la fois dans la conscience. Selon nous il ne faut pas, dans le sentiment de la différence, se figurer la conscience comme passive et inerte : elle réagit sous une action extérieure et elle a le sentiment de cette réaction. On a tort de considérer la *différence* comme une idée de nature tout intellectuelle, comme une froide et immobile catégorie sans rapport avec le mouvement et avec l'action. M. Bain et M. Spencer prennent la bonne voie, sans la suivre jusqu'au bout, quand ils regardent le choc comme un élément primitif de l'intelligence même : toute différence implique, en effet, un certain choc, conséquemment, ajouterons-nous, une force exercée et une résistance éprouvée, un mouvement arrêté et réfléchi sur soi : ainsi, quand je passe de l'ancien au nouveau, du familier à l'inaccoutumé, il y a un choc intérieur de représentations contraires. C'est surtout dans les sensations vraiment primitives et élémentaires, comme celles qui résultent du déploiement ou de l'arrêt des fonctions vitales, que cet élément dynamique est visible ; la souffrance ou appétit contrarié est la conscience d'une opposition entre deux forces : là est le vrai germe du sentiment de la différence. Cet élément dynamique, selon nous, existe jusque dans les représentations les plus abstraites et contribue à faire de toute idée une idée-force. Enfin, c'est ce même élément qui rend le souvenir possible. Par exemple, tant qu'un objet nous fait jouir ou souffrir, agit sur nous, la sensation subsiste avec une vivacité continue ; à chaque moment, l'image du plaisir déjà éprouvé et le plaisir nouveau coïncident ; quand, au contraire, l'objet cesse d'agir, il ne reste plus qu'une représentation de plaisir qui, par l'intensité, demeure au-dessous de notre attente ; le senti ne coïncide plus avec l'imaginé. Nous sommes donc comme si nous voulions prendre un point d'appui sur un objet qui s'affaisse. C'est ce qui établit entre l'image du plaisir et la réalité du plaisir une différence, et cette différence est appréciable pour la conscience par son caractère même de discontinuité, de contraste : elle enveloppe un sentiment de contrariété, parce que le réel résiste à notre désir et ne s'y adapte plus. Les animaux inférieurs ne connaissent sans doute pas d'autres *différences* que celle du plaisir et de la peine, de l'activité aidée et de l'activité contrariée : ce contraste primitif est le premier moment de la mémoire, moment d'antithèse, où la conscience ne retrouve pas, ne *reconnaît* pas ce qu'elle avait éprouvé.

Le second moment est au contraire celui où elle reconnaît, et il a lieu lorsqu'au sentiment de différence succède celui de similitude. Dans ce second sentiment, nous trouvons encore un caractère d'activité qui nous parait trop méconnu. D'un semblable à l'autre il y a transition facile pour notre activité intellectuelle, sans choc, sans résistance ; l'accommodation se fait toute seule, la première idée s'adapte à l'autre sans effort : la ressemblance, c'est une facilité de représentation et d'ajustement qui fait que l'objet remplit notre attente. Quand je parcours un champ de neige, l'image affaiblie de ce que je viens de voir persiste à côté de chaque sensation actuelle ; de plus, entre l'image et la sensation, il y a une réciprocité d'adaptation telle que mon attente n'est jamais trompée. Je *reconnais* ce que j'attendais : je n'ai aucun choc intérieur, aucune résistance à vaincre. C'est ce qui fait que la vue des semblables est une harmonie et un plaisir : ma pensée trouve dans la réalité une aide. A l'origine, le sentiment de la ressemblance était enveloppé dans la satisfaction de l'appétit : l'enfant qui aspire le lait maternel, à chaque aspiration, sent la coïncidence de la sensation nouvelle avec l'image de la sensation passée ; son imagination se remplit, pour ainsi dire, de la même manière que sa bouche : on peut dire qu'ainsi il *reconnaît* le plaisir déjà éprouvé et le lait déjà sucé. Plus tard, le sentiment de la similitude ou de la reconnaissance se subtilise et s'applique à des objets plus indifférents, mais il conserve toujours cet élément actif d'une énergie facilement déployée, qui va et revient d'un terme à l'autre sans heurt et sans secousse.

Notre théorie nous dispense d'invoquer, avec messieurs Ravaisson et Louis Ferri, un pur esprit chargé de faire la comparaison du passé avec le présent et de reconnaître la similitude par un acte tout « intellectuel. » Nous n'avons pas besoin de cet acte intellectuel pour sentir et saisir, sous des couleurs différentes qui se succèdent, ce je ne sais quoi de semblable, qui est impression de couleur sans être telle couleur, et qui n'est pas son ou contact ; il y a sous les sensations visuelles une manière commune de sentir et de réagir qui, par la répétition et la variation des circonstances, se dégage elle-même des sensations particulières et se fixe dans le souvenir. Pareillement, nous *sentons* l'uniformité du tapis de neige parcouru par nos pas avant de pouvoir *juger* que la neige est partout de la même teinte. On nous dira : — Comment sentir la similitude, qui n'est elle-même ni blanche ni bleue ? — Sans doute, répondrons-nous, nous ne pouvons pas sentir la similitude en général et abstraitement ; mais nous pouvons fort bien sentir sur le vif une similitude particulière et concrète, comme celle des flocons de neige, non par sa couleur sans doute, mais par l'état de conscience particulier qui y répond. La neige est blanche, et l'impression d'uniformité n'est pas elle-même blanche, mais ce n'en est pas moins une certaine impression, une certaine façon d'être affecté et de réagir, un certain état de conscience. Le jugement ne fait que dégager la formule analytique de cet état. Pour cela, le jugement se sert des images d'états analogues, et pour tous ces états fusionnés dans la mémoire il crée un mot général. Voilà les faits, que méconnaît l'intellectualisme. C'est donc bien une certaine façon de sentir et de réagir qui nous fait *reconnaître*, par une marque propre, la ressemblance du souvenir avec la perception.

 L'image du passé se reconnaît encore à ce qu'elle est enveloppée d'autres images analogues plus ou moins vagues, d'autres souvenirs naissants qui lui font comme une estompe et en sont inséparables. Quand je reconnais un visage familier, je le vois accompagné d'une série indéfinie de reproductions plus faibles, comparables à la répétition d'un objet par deux glaces parallèles : toute image qui a ainsi une répétition d'elle-même dans un cadre différent m'apparaît comme souvenir, et je ne tarde pas à distinguer ce genre d'image aussi aisément que je distingue, dans un paysage, la nuance bleuâtre du fond et la couleur vive du premier plan. Loin d'être une *ligne*, comme le soutiennent l'école anglaise et aussi M. Wundt, la conscience est un dessin compliqué, un monde simultanément saisi. Aussi la comparaison se fait-elle toute seule entre le passé et le présent, comme font contraste au grand soleil mon corps et son ombre, parce que les différences sont simultanément données à l'esprit et éclairées d'une même lumière. Se souvenir, c'est voir dans cette même lumière une image vive et une image faible, semblables en *qualité*, différentes non-seulement par l'*intensité*, mais encore par les *relations* avec les circonstances concomitantes : reconnaître son souvenir, c'est superposer les deux images, comme un géomètre superpose deux figures, et avoir conscience de leur identité.

 Ce qui prouve que la reconnaissance est un jeu d'optique intérieur produit par des opérations sensitives, c'est que la mémoire, dans la reconnaissance des idées comme dans les autres actes, est sujette à des illusions et à des maladies. Ces illusions sont inexplicables pour les partisans du pur esprit. Il y a des cas de « fausse mémoire » où on se rappelle ce qui n'a pas eu lieu, où on croit reconnaître ce qu'en réalité on n'avait pas connu antérieurement : on projette alors dans le passé ce qui n'est que présent ; on prend pour un souvenir une impression actuelle, pour une répétition une nouveauté. Wigan, dans son livre sur la dualité de l'esprit, rapporte que, pendant qu'il assistait au service funèbre de la princesse Charlotte dans la chapelle de Windsor, il eut tout à coup le sentiment d'avoir été autrefois témoin du même spectacle. Un malade, dit Sanders, en apprenant la mort d'une personne qu'il connaissait, fut saisi d'une terreur indéfinissable, parce qu'il lui sembla qu'il avait déjà éprouvé cette même impression. « Je sentais que, déjà auparavant, étant couché ici, dans ce même lit, on était venu et on m'avait dit : « Müller est mort. » Le cas de fausse mémoire le plus complet, selon M. Ribot, est celui que rapporte le docteur Pick. Un homme instruit, raisonnant assez bien sa maladie, et qui en a donné une description écrite, fut pris, vers l'âge de trente-deux ans, d'un état mental particulier. S'il assistait à une fête, s'il visitait quelque endroit, s'il faisait quelque rencontre, cet événement, avec toutes ses circonstances, lui paraissait si familier, qu'il se sentait sûr d'avoir déjà éprouvé les mêmes impressions, étant entouré précisément des mêmes personnes ou des mêmes objets, avec le même ciel, avec le même temps, etc. Faisait-il quelque nouveau travail, il lui semblait l'avoir déjà fait et dans les mêmes conditions. M. Ribot explique ces cas curieux en disant que le mécanisme de la mémoire « fonctionne à rebours » : on prend l'image vive du souvenir pour la sensation réelle, et la sensation réelle, déjà affaiblie, pour un souvenir. Nous croyons plutôt qu'il y a là un phénomène maladif d'écho et de répétition intérieure, analogue à celui qui a lieu dans le souvenir véritable : toutes les sensations nouvelles se trouvent avoir un retentissement et sont ainsi associées à des images consécutives qui les répètent ; par une sorte de mirage, ces représentations consécutives sont projetées dans le passé. C'est une *diplopie* dans le temps. Quand on voit double dans l'espace, c'est que les deux images ne se superposent pas ; de même, quand on voit double dans le temps, c'est qu'il y a dans les centres cérébraux un manque de synergie et de simultanéité, grâce auquel les ondulations similaires ne se fondent pas entièrement ; il en résulte dans la conscience une image double : l'une vive, l'autre ayant l'affaiblissement du souvenir ; le stéréoscope intérieur se trouvant dérangé, les deux images ne se confondent plus de manière à ne former qu'un objet. Au reste, toute explication complète est impossible dans l'état actuel de la science, mais ces cas maladifs nous font comprendre que l'apparence du familier et du connu tient à un certain *sentiment* aussi indéfinissable que l'impression du bleu ou du rouge, et qu'on peut considérer comme un sentiment de répétition ou de duplication. M. James Sully nous dit qu'il possède lui-même le pouvoir, quand il considère un objet nouveau, de se le représenter comme familier. C'est sans doute qu'il y a dans son esprit répétition, résurrection vague d'images d'objets *semblables* à celui qui est actuellement perçu. Ce même mécanisme explique pourquoi on peut se souvenir sans reconnaître qu'on se souvient et en éprouvant le sentiment de nouveauté ; c'est qu'alors la duplicité normale des images est abolie et on n'en voit qu'une quand il en faudrait voir deux. C'est l'inverse des cas de fausse mémoire, où l'unité normale des images est abolie au profit d'une duplicité anormale.

Parfois enfin le sentiment de familiarité et de reconnaissance produit par une impression nouvelle vient de ce que nous avons rêvé des choses analogues. Du monde de nos rêves nous arrivent parfois, dit M. James Sully, comme de brusques éclairs qui passent au milieu de nos sensations présentes, et ces éclairs sont trop rapides pour que nous reconnaissions la région d'où ils viennent. Badestock, dans son livre sur le sommeil, dit qu'il a eu la preuve de cette invasion des rêves au milieu de la réalité. Souvent, dit-il, dans une promenade, l'idée m'est venue que j'avais déjà vu, entendu ou pensé auparavant ceci ou cela sans que je pusse me rappeler dans quelles circonstances. « C'est ce qui m'est arrivé en particulier à l'époque où, en vue de la publication de mon livre, je prenais soigneusement note de tous mes rêves. Je pouvais donc, après des impressions de ce genre, me reporter à mes notes, et j'y ai généralement trouvé la confirmation de cette conjecture que j'avais déjà rêvé quelque chose d'analogue. » Goethe, qui nous raconte dans le détail sa première enfance, soupçonne lui-même qu'il a bien pu rêver parfois ce dont il croit se souvenir. La mémoire a donc ses spectres et ses revenants, qui lui viennent du monde vaporeux des songes. Qui sait même si, comme le croyait Platon et comme un darwiniste serait porté à le soutenir, nous n'avons pas parfois des réminiscences d'une expérience antérieure à notre naissance, et conséquemment ancestrale ?

On déterminera peut-être un jour, dit M. James Sully, ce que l'expérience de nos ancêtres est au juste capable de nous fournir, si ce sont des tendances mentales vagues, ou des idées presque définies. Si, par exemple, on constatait qu'un enfant qui appartient à une famille de marins et qui n'a jamais vu *la mer aux sombres reflets*, qui même n'en a jamais entendu parler, manifeste le sentiment de reconnaissance au moment où il la contemple pour la première fois, nous pourrions conclure à peu près sûrement qu'il y a là quelque chose comme un souvenir des événements antérieurs à la naissance. Quand le petit enfant fixe les yeux pour la première fois sur le visage humain, qui sait s'il n'éprouve pas le vague sentiment d'une chose qui n'est pas absolument nouvelle et qu'il a vue comme dans un songe ? Mais tant que nous ne posséderons pas de documents précis sur ces points, il semble plus sage de rapporter les souvenirs nuageux qui hantent parfois l'esprit à des faits rentrant dans l'expérience personnelle de l'individu. En tout cas, si la mémoire a une véritable certitude quand elle est « fraîche, » elle se perd dans le lointain du temps et vient se fondre avec le rêve comme la mer à l'horizon se fond avec le ciel.

V.

Quelles conclusions peut-on tirer de l'étude qui précède sur le fond dernier de la mémoire, sur les divers degrés de son évolution dans le passé et même dans l'avenir ? — La mémoire nous a paru tout ensemble un automatisme et une fonction du désir. C'est, en résumé, parce que les idées enveloppent des appétits plus ou moins conscients, parce qu'elles sont des sensations tendant à des mouvements déterminés, en un mot des forces, qu'elles peuvent être non-seulement *conservées* et *reproduites*, mais encore *reconnues*. Reconnaître, c'est juger, comparer, projeter les choses à l'extérieur, dans l'espace et dans le temps ; or c'est la tendance au mouvement, inhérente à toute image, qui lui donne cette force de projection et d'extériorité par laquelle sont engendrées les formes du temps et de l'espace. Enfin, nous l'avons vu, la conscience des ressemblances et des différences, qui fait le fond de la reconnaissance, vient de ce que chaque image vive est saisie simultanément et classée avec d'autres plus faibles qui lui sont semblables, quoique différentes par leurs cadres et leurs milieux. La conscience, loin d'avoir la forme linéaire et toute successive que l'école anglaise lui attribue, saisit donc sans cesse des simultanéités, des harmonies. C'est parce que la conscience est ainsi composée et non simple, que la reproduction des sentiments semblables peut devenir leur reconnaissance ou la conscience de leur ressemblance. La reconnaissance elle-même est une harmonie composée d'une note dominante, l'image actuelle, de notes complémentaires, mais faibles, qui sont comme des échos ; enfin, de la pédale continue, qui forme la basse fondamentale. Cette pédale est l'appétit, c'est-à-dire la vie tendant à persévérer dans le plaisir de vivre.

Qu'y a-t-il donc en nous de continu qui puisse servir de fondement à la conscience et, par cela même, à la mémoire ? — À cette question ultime, nous pouvons d'abord répondre avec M. Wundt : C'est la *sensation de mouvement* ; cette sensation, en effet, est continue, tandis que toutes les autres, comme celles du goût, de l'odorat, de l'ouïe, de la vue, semblent successives et intermittentes. C'est dans la sensation ininterrompue du mouvement, ajoute M. Wundt, que viennent se fondre nos sensations fugitives ; la conscience fondamentale du mouvement est une synthèse de toutes les sensations, et elle fait le fond de la conscience générale, par conséquent du souvenir et de la reconnaissance. — Le fond, est-ce bien sûr ? Nous en approchons sans doute, mais nous n'y avons pas encore atteint. La sensation de mouvement enveloppe elle-même une sensation d'*effort* avec une sensation de *résistance*. L'effort, à son tour, n'est pas quelque chose de désintéressé, d'indifférent et de froid : sous sa forme primordiale, dans l'être vivant et sentant, il est *appétit*. La vraie conscience primordiale et continue, c'est donc celle de l'appétit : vivre, c'est désirer, et désirer, c'est vivre ; l'effort est déjà chose dérivée, ainsi que la résistance, à plus forte raison la perception très complexe du mouvement dans l'espace. La vraie trame uniforme sur laquelle se dessinent toutes les broderies, c'est la conscience continue d'un état de bien-être attaché à l'être même, à l'action, et tendant à se maintenir au milieu de tous les obstacles. C'est par rapport à ce sentiment fondamental que nous classons toutes nos sensations, et la mémoire n'en est qu'une projection dans le passé, inséparable d'une projection symétrique dans l'avenir. L'image qui nous a causé du plaisir ou de la peine, dans telles ou telles circonstances, tend à se réaliser de nouveau lorsque les mêmes circonstances sont encore données. Quand l'enfant voit le soir, dans sa chambre, l'obscurité s'éclairer tout à coup, il pense qu'en tournant les yeux il reverra sa bougie souvent admirée : l'image renaissante appelle pour ainsi dire son objet et tend à s'y superposer. Ici encore, c'est donc la tendance et la tension, conséquemment la force de l'idée et du sentiment qui explique à la fois le souvenir et la prévision, choses inséparables à l'origine : se souvenir, c'est prévoir que, si on tourne les yeux, on reverra la bougie ; prévoir, c'est se souvenir qu'on a vu la bougie en tournant les yeux.

On voit qu'en définitive, pour expliquer la reconnaissance comme la conservation et la reproduction des idées, nous n'admettons ni le pur esprit des métaphysiciens, ni le mécanisme exclusif des physiologistes. Les explications mécanistes, nous les avons étendues aussi loin qu'il est possible, et même partout ; mais nous ne croyons pas pour cela que ce qui se retrouve partout soit le tout : c'est seulement un aspect universel de la réalité. Dans la mémoire, comme partout ailleurs, nous admettons un élément irréductible au pur mécanisme comme au pur intellectualisme, et cet élément est toujours le même : le *sentir*. Nous marquons ainsi la limite infranchissable des explications mécanistes : *alte terminus hærens*. L'être complètement insensible ne pourrait avoir aucune *représentation*, à plus forte raison en *conserver*, en *reproduire*, en *reconnaître* aucune. Se souvenir, c'est avoir senti et pouvoir sentir de nouveau : tout le mécanisme extérieur n'est que le moyen de rendre possibles et la sensation, et la renaissance de la sensation, et la reconnaissance de la sensation. Dès lors, l'élément mental ne peut être considéré, avec messieurs Maudsley et Ribot, comme accidentel. Étant donnée une machine, si délicate qu'elle soit, on ne pourra y introduire « par accident » ni l'appétit, ni le rudiment de la conscience et de la mémoire. Les deux aspects, l'un mécanique, l'autre mental, sont également nécessaires et toujours inséparables : le second est présent dès le début, sous une forme quelconque, et ne survient pas à la fin comme un « accessoire ; » la fleur éclatante de la conscience est déjà en germe dans les racines que cache le sol, parce que la vie est déjà dans ces racines, et avec la vie une sensibilité plus ou moins sourde, qui n'a besoin que d'être concentrée et multipliée pour mériter le nom de conscience. C'est là la différence de l'art naturel et de l'art humain. Aux yeux du psychologue, la vraie « mémoire élémentaire, » pour employer le mot de M. Richet, c'est la *sensibilité*, dont la *motilité* est inséparable. Quant au physiologiste, il est le plus souvent réduit, comme le sont messieurs Ribot et Maudsley, à faire des hypothèses sur les conditions organiques de la *mémoire*, et c'est un des partisans mêmes de la physiologie, Lewes, qui a dit excellemment : « Beaucoup de ce qui passe pour une explication physiologique des faits mentaux est simplement la traduction de ces faits en termes de physiologie hypothétique. » Mais supposons, au contraire, que le physiologiste connût parfaitement toutes les conditions organiques, tous les mouvements cérébraux qui correspondent au souvenir : en serait-il plus près de comprendre la sensation même, l'émotion, clément de la conscience et du souvenir ? Non, car toutes les conditions physiques de la sensation ne nous rendent pas raison de la sensation, par exemple de ce que nous éprouvons en sentant une brûlure, en voyant une couleur, en entendant un son. L'élément irréductible à l'analyse, c'est donc la sensation : le mental ne peut se ramener au mécanique. C'est, au contraire, le mécanique qui se ramène au mental, car le mécanique n'est lui-même qu'un extrait des sensations de mouvement et de résistance. L'automatisme est un mode d'action et de réaction entre des éléments dont nous ne pouvons nous figurer la nature intime que sous des formes empruntées à notre conscience, et les lois mêmes du mécanisme, après tout, sont encore un emprunt à la conscience, à la pensée. Dès lors, nous consentons bien à dire avec les mécanistes : « Il n'y a rien dans la conscience et dans la mémoire qui ne soit un changement de sensations explicable par les lois des changements mécaniques ; » mais nous ajoutons : Rien, excepté la sensation même.

Ces conclusions sur la nature essentielle de la mémoire nous permettent de marquer les divers stades de son évolution dans le passé et même dans l'avenir.

Au premier moment, nous l'avons vu, une émotion quelconque, forte ou faible, provoque un effort moteur. Le mouvement, une fois produit, se creuse mécaniquement un canal dans la masse cérébrale ; par cela même la résistance diminue, et avec la résistance l'émotion agréable ou pénible qui avait été pourtant la cause première de tout le reste. Puis, quand la voie est ouverte, la conscience ne sent presque plus que les bords du lit où coule le courant nerveux : la forme intellectuelle tend à remplacer le fond sensible ; c'est le second moment de l'évolution. Nous assistons alors à l'apparition de l'intelligence proprement dite, qui semble coïncider, pour le physiologiste, avec la formation des fibres nerveuses. Ce sont, en effet, les *fibres* qui établissent des relations entre les diverses *cellules* ; or l'intelligence porte surtout sur des relations ; elle doit donc avoir pour principal organe ces fibres, ces canaux de communication où le sens intime, se rapprochant de l'état d'indifférence et s'exerçant sur des rapports plutôt que sur des termes, devient entendement. Bientôt, à mesure que le cerveau s'organise, la voie devient encore plus facile et plus prompte. La vitesse et l'intensité du courant nerveux, tombant alors au-dessous des limites ordinaires, n'ont plus de contre-coup distinct dans les cellules centrales du moi : le pouvoir directeur n'a plus besoin d'être averti. Il en résulte une diminution progressive de l'effort et des contrastes qu'il entraîne, conséquemment de la sensibilité et de la conscience distincte. Jetez un regard sur les planches d'un livre de physiologie, vous serez frappé de l'inextricable écheveau que présentent les fibres grossies au microscope : c'est un tissu où l'action du temps, par l'hérédité et par la sélection naturelle, a fait des milliards de nœuds gordiens non encore dénoués par la science. Les courants nerveux se répandent sans cesse d'une fibre à l'autre comme les remous d'un torrent. En vertu de cette loi, à laquelle on a donné le nom de « diffusion nerveuse, » les mouvements réflexes peuvent, de telle cellule ébranlée sous l'influence d'une émotion, se propager aux cellules plus ou moins voisines : c'est une série de contre-coups. Par l'effet de l'habitude, des associations si faciles s'établissent entre les mouvements réflexes que le premier suggère et entraîne tous les autres. C'est ce qui a lieu dans la marche, dans les mouvements automatiques du musicien. Le physiologiste Carpenter raconte qu'un pianiste accompli exécuta un morceau de musique en dormant. Trousseau parle d'un musicien continuant de faire sa partie de violon dans un orchestre pendant un accès de vertige épileptique avec perte de conscience momentanée. Sans chercher des cas extraordinaires, dit M. Ribot, nous trouvons dans nos actes journaliers des séries organiques complexes dont le commencement et la fin sont fixes, et dont les termes, différents les uns des autres, se succèdent dans un ordre constant ; par exemple : monter ou descendre un escalier dont nous avons un long usage. Notre mémoire psychologique ignore le nombre des marches, notre mémoire organique le connaît à sa manière, ainsi que la division en étages, la distribution des paliers et d'autres détails : elle ne s'y trompe pas. Pour la mémoire organique, ces séries bien définies sont rigoureusement « les analogues d'une phrase, d'un couplet de vers, d'un air musical pour la mémoire psychologique. » Il résulte de ces lois l'établissement de séries dont un terme est associé à tous les autres et les *suggère*. Enfin, une fois la coopération parfaitement établie dans la société de cellules, celles-ci fonctionnent d'elles-mêmes sans l'intervention de la volonté centrale : il n'y a plus mémoire consciente, mais instinct. C'est le troisième moment de l'évolution. La mémoire, selon M. Spencer, est un instinct en voie de formation : l'instinct est une mémoire complètement organisée, d'abord dans l'individu, puis dans l'espèce : c'est une « mémoire organique » et héréditaire. On pourrait dire encore que c'est une mémoire confiée par les centres supérieurs aux centres inférieurs, qui ont reçu peu à peu l'éducation nécessaire et sur lesquels le moi s'est déchargé de son travail.

En somme, c'est toujours l'émotion résultant de l'appétit qui est le premier ressort, le *primum movens* ; l'intelligence en est le substitut progressif et l'abréviation. La mémoire intellectuelle est un ensemble de signes au moyen desquels la conscience arrive à renouveler les idées par leurs contours sans renouveler les émotions et efforts qui en faisaient primitivement le fond. Quant à l'habitude et à l'instinct, ils sont un automatisme façonné peu à peu par la sensibilité même, par l'intelligence, par la volonté, pour les suppléer et accomplir sans effort ou faire accomplir par d'autres le même travail qui avait exigé un effort propre. La loi d'économie ou de moindre dépense n'est que la loi de moindre peine et de plus grand plaisir. C'est en vertu de cette loi que la nature tend à un minimum de complication, que la conscience distincte abandonne progressivement tous les phénomènes physiologiques où elle ne peut plus être d'aucun usage, que la mémoire enfin tend à devenir automatisme.

En faut-il de nouveau conclure, avec messieurs Maudsley et Ribot, que la conscience est elle-même une forme superficielle, sans efficacité propre ? — Mais, répondrons-nous, puisque la sélection naturelle élimine le facteur de la conscience là où il est inutile, c'est donc qu'il sert parfois à quelque chose, c'est qu'il a ses moments d'utilité, d'activité, d'efficacité, c'est qu'il fait partie des forces qui concourent à produire le développement de la vie[2]. Bien plus, la conscience ne s'élimine sous un mode, tel que l'effort volontaire ou l'intelligence réfléchie, l'émotion pénible ou même agréable, que pour subsister sous un autre mode plus fondamental, comme l'appétit, le sentiment immédiat de la vie, le bien-être continu et indistinct : la conscience n'a pas pour cela entièrement disparu. Supposons, avec Pascal, un homme devenu machine en tout, un homme dont les sens seraient entièrement fermés aux impressions nouvelles, dont la conscience même serait close à tout état nouveau, idée, image, sentiment ou désir, « les séries d'états de conscience et de souvenirs auxquelles cet homme serait réduit finiraient à la longue, dit M. Ribot, par s'organiser si bien et d'une façon si monotone, qu'on ne trouverait plus en lui qu'un automate à peine conscient. » Les esprits bornés ou routiniers, ajoute M. Ribot avec beaucoup de finesse, réalisent cette hypothèse en une certaine mesure, et c'est ce que Pascal avait déjà montré : « pour la plus grande partie de leur vie, la conscience est un superflu. » On ne saurait mieux mettre en lumière la part du mécanisme dans la mémoire et sa tendance à se faire suppléer par un instinct animal. Toutefois, les fonctions organiques elles-mêmes, qu'on s'efforce de réduire à un pur automatisme, présupposent dans les cellules vivantes des états de conscience rudimentaires, non sous la forme de l'intelligence réfléchie, mais sous celle de la sensibilité spontanée. Ne confondons pas, comme le fait trop souvent M. Maudsley, le pouvoir de sentir, qui est la conscience en son acception la plus générale, avec la conscience de soi. Celle-ci peut être du « superflu ; » l'autre, pour le psychologue, est le nécessaire. L'automate « à peine conscient, » dont toute la conduite n'est plus que routine, a toujours le sentiment sourd de la vie, de l'être et du bien-être.

Après l'évolution de la mémoire dans le passé, considérons son évolution probable dans l'avenir. Faut-il exagérer la pensée de Pascal jusqu'à croire que l'être vivant pourra devenir par la suite, au sens propre du mot, « machine en tout ? » Quelques philosophes ont soutenu récemment cette hypothèse ; ils ont cru pouvoir prédire que, dans les siècles à venir, l'homme deviendra de plus en plus inconscient. Tous les actes de la vie physique ou intellectuelle, disent-ils, tendent à se faire d'une façon automatique, et c'est en cela même que consiste le progrès.

Si les opérations intellectuelles pouvaient devenir aussi automatiques que celle de la vie organique, elles seraient bien supérieures à ce qu'elles sont maintenant. Étant donnés les éléments d'un problème, l'intelligence le résoudrait avec autant de précision que les cellules contenues dans l'intérieur d'un œuf en mettent à se réunir pour former les diverses parties de l'animal, « opération bien autrement compliquée que le plus difficile de tous les problèmes que l'intelligence peut résoudre. » L'œuf se souvient à sa manière de la loi selon laquelle il doit évoluer, *lex insita* ; de même, l'intelligence porterait en soi son « Discours de la Méthode » à l'état de souvenir inconscient ; la mémoire serait devenue tout organique, tout héréditaire, et la *conservation* des idées n'aurait pas besoin de la *reconnaissance*. En un mot, l'instinct, cette mémoire de l'espèce, aurait remplacé partout la mémoire et la conscience de l'individu.

Telles sont les prévisions que l'on a hasardées sur l'avenir de l'humanité. Elles nous paraissent contraires aux inductions qu'on peut tirer du passé même. Le résultat des lois de l'hérédité, chez les êtres vivants, n'a pas été jusqu'ici un accroissement d'inconscience, mais au contraire un accroissement de conscience. À mesure qu'on s'élève dans l'échelle animale, les êtres deviennent plus sensibles. C'est que, dans l'évolution intérieure et dans le développement des opérations mentales, il faut distinguer deux choses : les *procédés* mécaniques et leurs *résultats* dans la conscience. Par l'habitude acquise ou héréditaire, les procédés mécaniques deviennent de plus en plus inconscients et finissent par être du pur automatisme : c'est ce qui arrive, par exemple, chez le pianiste, dont les doigts fonctionnent avec l'exactitude d'un instrument de précision. S'ensuit-il que les résultats des opérations échappent à la conscience ? Au contraire, ils viennent se résumer dans une synthèse de plus en plus complète, qui n'est autre qu'une sensibilité de plus en plus riche et de plus en plus intuitive. Chopin était inconscient du jeu mécanique de ses muscles, et même du jeu de ces muscles intérieurs qui sont le raisonnement et le calcul : était-il pour cela inconscient de ces joies ou de ces souffrances intérieures, de ces intuitions du génie où vient se concentrer tout un monde ? Sa mémoire, sans savoir comment, conservait et reproduisait mille images, mais, quand elles apparaissaient évoquées par l'inspiration, il les reconnaissait comme les émotions de toute une existence, condensées en une série d'accords joyeux ou tristes. Dans la vie comme dans l'art, ce sont les résultats qui importent et non les procédés par lesquels ils ont été obtenus : dans la mémoire, c'est la puissance de ressusciter aux yeux de la conscience un monde disparu qui importe, non les moyens de mnémotechnie naturelle ou artificielle par lesquels les idées sont conservées et associées. Si l'évolution semble étendre d'un côté la sphère de l'inconscience, c'est pour pouvoir étendre d'un autre côté celle de la conscience même : les chefs-d'œuvre de son subtil mécanisme ont pour effet de rendre possible une sensibilité plus subtile encore.

⟨1⟩. Un enfant tombe d'un mur, dit M. Ribot d'après Abercrombie ; revenu à lui, il sent que sa tête est blessée, mais ne soupçonne pas comment il a reçu la blessure. Après un peu de temps, il se rappelle qu'il s'est frappé la tête contre une pierre, mais ne peut se rappeler comment. Après un autre intervalle, il se rappelle qu'il est allé sur la crête d'un mur et en est tombé. On a vu en Russie un célèbre astronome oublier tour à tour les événements de la veille, puis ceux de l'année, puis ceux des dernières années, et ainsi de suite, la lacune gagnant toujours, tant qu'enfin il ne lui resta plus que le souvenir des événements de son enfance. On le croyait perdu, mais, par un arrêt soudain et un retour imprévu, la lacune se combla en sens inverse. »

⟨2⟩. Une jeune femme tomba par accident dans une rivière et fut presque noyée. Quand elle rouvrir les yeux, elle ne reconnaissait plus personne ; elle était privée de l'ouïe, de la parole, du goût et de l'odorat. Ignorante de toute chose, incapable par elle-même de se remuer, elle ressemblait à un animal privé de cerveau. Plus tard, sa seule occupation était de couper en morceaux, automatiquement, ce qui tombait sous sa main. Les idées, dérivées de son ancienne expérience, qui paraissent s'être éveillées les premières, étaient liées à deux sujets qui avaient fait sur elle une forte impression : sa chute dans la rivière et une *affaire d'amour*. À une époque où elle ne se rappelait pas d'une heure à l'autre ce qu'elle avait fait, elle attendait anxieusement que la porte s'ouvrît à l'heure accoutumée, et, si l'amant ne venait pas, elle était de mauvaise humeur toute la soirée.

⟨3⟩. Certains malades ont oublié une des langues qu'ils savent ; d'autres ne savent plus écrire et savent encore parler ; d'autres ne savent plus parler et savent écrire ; d'autres ne peuvent ni parler ni écrire, mais reconnaissent le sens des mots qu'on prononce ou qu'on écrit. Un gentleman, qui dirigeait une ferme, avait dans sa chambre une liste des mots qui avaient chance de se rencontrer dans les discours de ses ouvriers. Quand un de ceux-ci désirait l'entretenir sur un sujet, le gentleman l'écoutait d'abord sans rien saisir des paroles, sauf le son. Il regardait alors les mots de sa liste écrite, et toutes les fois que les mêmes mots écrits frappaient ses yeux, il les comprenait parfaitement. L'amnésie des signes n'entraîne pas nécessairement la perte de l'intelligence. Tel ce grand propriétaire dont parle Trousseau, qui se faisait présenter les baux, traités, etc., et, par des gestes intelligibles seulement pour ses proches, indiquait des modifications à faire, le plus souvent utiles et raisonnables.

[4]. En Amérique, un nombre considérable d'Allemands et de Suédois, peu avant de mourir, prient dans leur langue maternelle, qu'ils n'ont souvent pas parlée depuis cinquante ou soixante ans. Winslow note aussi que des catholiques convertis au protestantisme ont, pendant le délire qui précédait leur mort, prié uniquement d'après le formulaire de l'église romaine. — « Les reviviscences de ce genre, dit M. Ribot, ne sont au sens strict qu'un retour en arrière, à des conditions d'existence qui semblaient disparues, mais que le travail à rebours de la dissolution a ramenées… Certains retours religieux de la dernière heure dont on a fait grand bruit ne sont, pour une psychologie clairvoyante, que l'effet nécessaire d'une dissolution sans remède. » (Voir M. Ribot, p. 147.)

[5]. Deux idées sont appelées *contiguës* quand elles se sont produites simultanément ou en succession immédiate dans votre conscience ; il ne s'agit nullement d'une contiguïté extérieure.

[6]. Le mouvement réel serait impossible s'il se ramenait entièrement et uniquement à des positions dans l'espace, car alors le mobile, par exemple une flèche, serait *en repos* au point A, puis en repos au point B, comme le soutenaient les éléates, et un ne comprendrait pas ce qui produit la *transition* du point A au point B. Il faut que, dès le point A, il y ait dans le mobile quelque chose d'autre que la simple position actuelle, quelque chose qui amène la position future. De même, dans la sensation que nous avons du mouvement ou plutôt de la vie, il doit y avoir la conscience non-seulement de deus termes l'un après l'autre,

mais encore d'un certain état transitif. Le point de vue géométrique et *statique* est incomplet et infidèle dans la psychologie comme dans les autres sciences : il y faut ajouter le point de vue *dynamique*.

[17]. « Je tombai à la renverse sans en avoir conscience, mes camarades me relevèrent aussitôt et je revins à moi presque immédiatement, car leur conversation fut à peine interrompue. Mais ce qu'il y a de curieux, c'est que, pendant cette chute, il me sembla que je faisais un voyage qui dura plusieurs jours. Et ce n'est point ici une impression vague et générale de déplacement, mais une succession de détails très précis et tout aussi nets que ceux d'un voyage réel... Ainsi je me trouvai d'abord dans une forêt que je m'imaginai être celle dont parle Dante au début de son poème. C'était une forêt de sapins dont les branches inférieures n'avaient presque pas de feuilles... J'y marchais ayant conscience de suivre un guide que je ne voyais pas... Je me trouvai ensuite à cheval au milieu d'une plaine... Nous passâmes la nuit dans une hôtellerie. Nous repartîmes le lendemain. Nous arrivâmes dans une ville où nous allâmes au théâtre et où je passai, il me semble, plusieurs jours... etc. » — M. Taine, à qui ce rêve fut communiqué, explique le fait par une accélération momentanée du jeu des cellules cérébrales, qui fait se succéder rapidement de longues séries d'impressions et d'événements, équivalant par l'apparence à de longues périodes de temps.

[18]. Macaulay parle d'un écrivain anglais dont la mémoire était à la fois extrêmement puissante et extrêmement faible au déclin de sa vie. Si on lui lisait quelque chose dans la soirée, il se réveillait le lendemain matin l'esprit plein des pensées et des expressions entendues la veille, et il les écrivait de la meilleure foi du monde, sans se douter qu'elles ne lui appartenaient pas. Ainsi la *conservation* et la *reproduction* avaient lieu, mais non la *reconnaissance*. A la fin de sa vie, Linné prenait plaisir à lire ses propres œuvres, et quand il était lancé dans cette lecture, oubliant qu'il était l'auteur, il s'écriait : « Que c'est

beau ! que je voudrais avoir écrit cela ! » On récita un jour, devant Walter Scott vieillissant, un poème qui lui plut ; il demanda le nom de l'auteur : c'était un chant de son *Pirate*. M. Maury avait perdu un manuscrit et avait renoncé à publier son travail. Un jour cependant on le prie de le reprendre. Il imagine, du moins à ce qu'il croit, un nouveau début. Un hasard lui lait retrouver ensuite l'ancien : les deux étaient identiques ou à peu près. (Cité par M. Delboeuf ; *Revue philosophique*, p. 42.) M. Richet hypnotise une femme et lui dit : « Quand vous serez réveillée, vous prendrez ce livre qui est sur la table et vous le remettrez dans ma bibliothèque. » Une fois réveillée, la femme se frotte les yeux, regarde autour d'elle d'un air étonné, met son chapeau pour sortir, puis, avant de sortir, jette un coup d'œil sur la table : elle voit le livre en question, le prend, lit le titre : « Tiens, vous lisez Montaigne. Je vais le remettre à sa place. » Et elle le range dans la bibliothèque. M. Richet lui demande pourquoi elle a fait cela : cette question l'étonne. Elle ne se souvient pas de l'ordre qui lui a été donné ; il y a eu reproduction d'une idée sans reconnaissance. « Une autre fois, je lui dis pendant son sommeil : Vous prendrez le mouchoir de M. O.., et vous le jetterez dans le fou. Réveillée, elle veut prendre un mouchoir et ne veut prendre que celui de O... Et après divers prétextes, elle jette le mouchoir au feu. » Encore une pensée suggérée, puis reproduite, et non reconnue comme telle.

[9]. Dans son livre le plus récent, sur les *Maladies de la personnalité*, M. Ribot a lui-même rectifié et adouci sa pensée. Tout en maintenant que « chaque état de conscience, *pris en lui-même*, n'est qu'une lumière sans efficacité, la simple révélation d'un travail inconscient, » il ajoute : « Au seul point de vue de la survivance du plus apte, l'apparition de la conscience sur la terre a été un fait capital. Par elle, l'expérience, c'est-à-dire une adaptation d'ordre supérieur, a été possible pour l'animal... Il est vraisemblable que la conscience s'est produite comme toute autre manifestation vitale, d'abord sous une

forme rudimentaire et, en apparence, sans grande efficacité. Mais, dès qu'elle a été capable de laisser un résidu, de constituer dans l'animal une mémoire au sens psychique, qui a capitalisé son passé au profit de son avenir, une chance nouvelle de survie s'est produite. À l'adaptation inconsciente, aveugle, accidentelle, dépendante des circonstances, s'est ajoutée une adaptation consciente, suivie, dépendante de l'animal, plus sûre et plus rapide que l'autre : elle a abrégé le travail de la sélection. »